Karl Gebauer / Gerald Hüther (Hrsg.)
Kinder brauchen Spielräume

Karl Gebauer / Gerald Hüther (Hrsg.)

# Kinder brauchen Spielräume

Perspektiven für eine kreative Erziehung

Walter Verlag

Bibliografische Information der Deutschen Bibliothek
Die Deutsche Bibliothek verzeichnet diese Publikation
in der Deutschen Nationalbibliografie; detaillierte bibliografische Daten
sind im Internet über http://dnb.ddb.de abrufbar.


Satz: Fotosatz Moers, Mönchengladbach
Druck und Bindung: Bercker Graph. Betrieb, Kevelaer
ISBN 3-530-40153-6
www.patmos.de

# Inhalt

Vorbemerkungen

# Was ein Kind beim Spielen alles lernt und was dabei in seinem Gehirn passiert

Das schlechte Abschneiden der deutschen Schüler bei der PISA-Studie (Baumert, 2001) hat die Bildungspolitiker hierzulande gehörig wachgerüttelt. Bei ihrer Suche nach den Ursachen der deutschen Bildungsmisere sind sie nun plötzlich auf ein Terrain gestoßen, das sie jahrzehntelang als ein außerhalb ihrer Zuständigkeit liegendes Brachland behandelt hatten: die vorschulische Bildung von Kindern im Elternhaus, in Kindertagesstätten und anderen Kinderbetreuungseinrichtungen. Allzu schlecht, so die allgemeine Einschätzung, würden die Kinder in unserem Land auf das vorbereitet, was mit der Einschulung auf sie zukommt: still zu sitzen und sich zu konzentrieren, Deutsch zu verstehen und zu sprechen, kleinere Aufgaben selbstständig zu lösen und all die vielen anderen Selbstverständlichkeiten zu beherrschen, die Donata Elschenbroich in ihrem Buch *Das Weltwissen der Siebenjährigen* (Elschenbroich, 2001) so anschaulich beschrieben hat.

»Frühförderung« heißt nun eines der Zauberworte, mit denen der schiefe Turm von Pisa wieder aufgerichtet werden soll. Aber was heißt »Frühförderung«, und was soll bei den Kindern wie gefördert werden?

Die Entwicklungspsychologen haben in den letzten Jahren herausgefunden, was viele Eltern schon immer wussten: Nie wieder im späteren Leben ist ein Mensch so neugierig und so offen, so lernfähig und so kreativ, ist er ein so großer Entdecker und Nachmacher wie während der Phase seiner frühen Kindheit. Was also soll hier noch gefördert werden? Geht es nicht vielmehr darum zu verhindern, dass dieser Schatz, den alle kleinen Kinder noch besitzen, allzu schnell verloren geht, dass das kleine Pflänzchen, all der Wissensdurst und all die Entdeckerfreude verkümmern, bevor es in die Schule kommt? »Das Gras wächst nicht schneller, wenn man daran zieht«, so lautet eine alte Indianerweisheit und die Erkenntnis, dass ein zartes Pflänzchen nur umso schneller verkümmert, je heftiger man daran zieht, zählt wohl auch schon zum Weltwissen der meisten Siebenjährigen. Dass erzieherischer Übereifer die Lernfreude und Lernmotivation von Kindern ebenso unterdrücken kann wie Desinteresse und Vernachlässigung, scheint aber nicht allen Erziehungsverantwortlichen gleichermaßen geläufig zu sein. Wer fordert und Druck macht, zerstört Vertrauen, ebenso wie derjenige, der sich um die Probleme der ihm anvertrauten Kinder nicht kümmert.

Viele Kinder leiden darunter, dass es in ihrem Leben keine ausreichende emotionale Beziehung gibt, die ihnen ein Gefühl von Geborgenheit vermittelt (Gebauer; Hüther, 2001). Dabei sind sichere emotionale Bindungen an mindestens eine Person Voraussetzung für eine gelingende Entwicklung. Wird diese Voraussetzung nicht in den Familien geschaffen, kommen auf Erzieherinnen, Lehrer und Lehrerinnen besondere Aufgaben zu.

Diese Zusammenhänge sind nicht nur in der PISA-Studie, sondern auch in der aktuellen Shell-Jugendstudie (Deutsche Shell, 2002) herausgearbeitet worden. Es kommen starke Zweifel auf, ob diese Erkenntnisse von den verantwortlichen Bildungspolitikern gesehen und bei der dringend erforderlichen Bildungsreform berücksichtigt werden. Im Vordergrund der Diskussion über eine Schulreform stehen zurzeit die Verbesserung der Diagnostik, der Unterrichtsmethodik, der internen und externen Evaluation und der Installation von Trainingsprogrammen.

Entgegen anders lautenden Beteuerungen zieht am Horizont verstärkter Druck auf Schüler und Schülerinnen herauf. Dieser Leistungsdruck verschärft die Aussonderung derer, die den Anforderungen nicht gewachsen sind. Es besteht die Gefahr, dass dabei die Bedeutung einer emotional tragenden Beziehung zwischen Lehrkräften und ihren Schülern nicht oder nur sehr peripher gesehen wird. In allen Schulformen wäre darauf zu achten, dass Lehrkräfte nicht nur inhaltliche Anregungen geben, sondern auch eine emotional tragende Beziehung anbieten.

Ist diese nicht gegeben, helfen auch die vielleicht gut gemeinten Aktivitäten nichts. Dann kann man ein ganzes Land mit Steuerungsgruppen überziehen und Methodentrainer aussenden und wird am Ende nur ratlos dastehen.

In einer gelingenden Erziehung steht die Erfahrung emotionaler Sicherheit im Zentrum.

Wenn also immer wieder Kinder in die Schule kommen, die ihre Neugierde, ihren Entdeckergeist und ihre Lernfreude bereits verloren haben (oder denen all das im Laufe der ersten Schuljahre verloren geht), so muss nicht etwas gefördert, sondern etwas korrigiert werden. Die Kinder – und, wie wir gleich sehen werden, auch die Gehirne dieser Kinder – sind jedenfalls nicht die Ursache dieses leider allzu häufig beobachteten Phänomens.

## *Kindergehirne sind offen und formbar*

Wenn wir dem Prozess der Entwicklung des menschlichen Gehirns vor der Geburt und während der frühen Kindheit zuschauen könnten, würde uns wohl vor Faszination der Atem stillstehen. Wir würden sehen, wie von einer unsichtbaren Hand gesteuert zunächst Millionen und Abermillionen Nervenzellen durch Zellteilungen gebildet werden und sich zu Zellhaufen ordnen. Wir könnten aus diesen Nervenzellen auswachsende Fortsätze erkennen, die mit anderen Zellen in Kontakt treten, und wir müssten zuschauen, wie ein erheblicher Teil dieser Nervenzellen einfach abstirbt und für immer verschwindet, weil es ihnen nicht gelungen war, sich in ein Netzwerk einzuordnen und dort eine bestimmte Funktion zu übernehmen. Die verbliebenen Nervenzellen formieren sich anschließend zu deutlich voneinander abgegrenzten Verbänden, so genannten Kerngebieten, und beginnen ein immer dichteres Netzwerk von Fasern und Fortsätzen innerhalb dieser Kerngebiete und zwischen diesen verschiedenen Kerngebieten herauszubilden. Während dieser Phase, die sich in den einzelnen Bereichen des Gehirns in einer zeitlichen Reihenfolge von hinten

(Hirnstamm) nach vorn (Stirnhirn) vollzieht, scheint es so, als ob sich jede Nervenzelle mit jeder anderen über so viele Kontakte wie nur irgendwie möglich verbinden wollte. Zu diesem Zeitpunkt (im Hirnstamm liegt er bereits vor der Geburt; im Stirnhirn wird er etwa im 3.–6. Lebensjahr erreicht) ist die Anzahl der Nervenzellkontakte (Synapsen) so groß wie niemals wieder im späteren Leben; denn wenn erst einmal alles mit allem verbunden ist, werden anschließend alle Kontakte wieder zurückgebildet und aufgelöst, die nicht »gebraucht«, also nicht durch entsprechende Nutzung und Stimulation gefestigt und stabilisiert werden.

## *Auf eigene Erfahrungen kommt es an*

Worauf es für eine erfolgreiche Stabilisierung hochkomplexer Verschaltungsmuster ankommt, lässt sich besonders eindringlich anhand der Herausformung des »Gesangszentrums« im Gehirn von Singvögeln beobachten. In dieser Region entsteht ein riesiges Überangebot an Nervenzellkontakten, wenn der kleine Vogel, also beispielsweise eine Nachtigall, noch im Nest sitzt. Wenn nun der Vater in der Nähe des Nestes seine bezaubernd vielfältigen Lieder singt, entstehen im Gesangszentrum der Jungvögel entsprechend komplexe Aktivierungsmuster. Je komplizierter der Gesang, desto komplexer werden diese Muster und umso mehr Verschaltungen und Verbindungen können dann auch »benutzt« und stabilisiert werden. Wenn der Nachtigallenhahn keine Lust zum Singen hat, wenn er vertrieben oder gar abgeschossen wird, kann im Gesangszentrum seiner Jungen auch kein so kompliziertes Netzwerk von Verbindungen stabilisiert werden. Dann geht der größte Teil der »synaptischen Angebote« zugrunde, und mit dem, was übrig bleibt, wird im nächsten Jahr kaum noch ein Sängerwettstreit um eine hübsche Nachtigallenbraut zu gewinnen sein. »Nutzungsabhängige Stabilisierung synaptischer Netzwerke« heißt das, was nicht nur im Gesangszentrum der Singvögel, sondern in noch viel stärkerem Maß und über noch viel längere Zeiträume im menschlichen Gehirn vor sich geht. Die Region, in der sich während der frühen Kindheit so besonders intensive Nervenzellkontakte herausbilden und darauf warten, dass sie möglichst komplex benutzt und stabilisiert werden, ist freilich nicht das Gesangszentrum, sondern die Hirnrinde, und hier ganz besonders der vordere, zuletzt ausreifende Bereich, der so genannte Stirnlappen. Diese für unser menschliches Hirn besonders typische Region brauchen wir, wenn wir uns ein Bild von uns selbst und unserer Stellung in der Welt machen wollen (Selbstwirksamkeitskonzepte), wenn wir unsere Aufmerksamkeit auf bestimmte Wahrnehmungen richten, Handlungen planen und die Folgen von Handlungen abschätzen (Motivation, Impulskontrolle), wenn wir uns in andere Menschen hineinversetzen und Mitgefühl entwickeln (Empathiefähigkeit, soziale und emotionale Kompetenz).

Genau diese Fähigkeiten brauchen Kinder mehr als alles andere, wenn sie sich später in der Schule und im Leben zurechtfinden, lernbereit, wissensdurstig und neugierig bleiben und mit anderen gemeinsam nach brauchbaren Lösungen suchen wollen. Die für diese Fähigkeiten verantwortlichen hochkomplizierten Nervenzellverschaltungen in ihrem Hirn und dort speziell im Frontallappen stabilisieren sich jedoch nicht von allein. Sie müssen – wie im Gesangszentrum der kleinen Nachtigallen – durch eigene Erfahrungen anhand entsprechender Vorbilder herausgeformt und gefestigt werden. Fördern lässt sich dieser Prozess nicht, indem man den Kindern möglichst früh Lesen, Schreiben und Rechnen, womöglich sogar noch Englisch und die Bedienung von Computern beibringt, sondern nur dadurch, dass man Räume und Gelegenheiten schafft, wo Kinder sich selbst erproben können und möglichst viele und möglichst unterschiedliche »Gesänge anderer Vögel«, also andere Menschen mit ihren vielfältigen Fähigkeiten und Fertigkeiten kennen und schätzen lernen.

## *Kinder brauchen Spielräume, in denen sie eigene Erfahrungen machen können*

Niemand käme auf die Idee, junge Kätzchen auf das Mäusefangen vorzubereiten, indem man durch Lernprogramme zunächst das Stillsitzen und Beobachten, später das Zupacken und Festhalten und schließlich das Fressen einer Maus übt. All das lernen die Kätzchen von allein, allerdings nur dann, wenn man sie nicht laufend dabei stört (ihnen also die zum Erlernen und Einüben dieser Fähigkeiten erforderlichen Spielräume nimmt) und wenn die Pussies Gelegenheit haben, einer anderen Katze zuzuschauen, die das Mäusefangen bereits beherrscht.

Genauso geht es auch allen Säugetieren, die ein Gehirn besitzen, dessen endgültige, für die Bewältigung der jeweiligen artspezifischen Leistungen erforderliche innere Struktur erst während der Kindheit nutzungsabhängig herausgeformt wird. Menschenkinder müssen fast alles, worauf es in ihrem späteren Leben ankommt, durch eigene Erfahrungen lernen. Diese Erfahrungen werden dann in ihrem Hirn in Form bestimmter Verschaltungsmuster fest verankert. Eine neue Erfahrung macht man auch schon als Kind am ehesten dann, wenn man ein Problem hat und dann plötzlich merkt (oder von anderen abschauen kann), wie es zu lösen ist. So wird Selbstvertrauen (und das Vertrauen, also die Achtung für und die Bindung an andere) gefestigt und der Mut zur Bewältigung neuer, noch etwas schwierigerer Herausforderungen gestärkt. All das gelingt jedoch nur dann, wenn die Probleme nicht zu klein (also langweilig und uninteressant) oder aber zu groß (also überfordernd und unbewältigbar) sind. Im ersteren Fall lernt ein Kind nichts weiter, als dass »nichts Spaß macht«. Allzu rasch verlieren solche Kinder entweder ihre Neugier und ihre Begeisterungsfähigkeit oder sie wenden sich – wenn sie sich beides nicht nehmen lassen wollen – anderen Dingen zu (sie »stören« und machen »Blödsinn«). Im zweiten Fall, wenn Probleme, Anforderungen und Erwartungen die Fähigkeiten der Kinder übersteigen, bekommen sie Angst. Diese Angst führt im Gehirn zu einer Reaktionskette, die das Erlernen von Neuem verhindert, bereits Erlerntes destabilisiert und das Kind auf sehr früh entwickelte und daher recht einfache Verhaltensstrategien zurückwirft (Regression).

Was für ein Kind entweder zu wenig Herausforderung oder übermäßige Belastung bedeutet, muss in der Situation ermittelt werden. Dabei spielt der Kommunikationsprozess zwischen dem Kind und ihm nahe stehenden Personen eine entscheidende Rolle. Ferne Personen haben einfach keine Ahnung von dem, was in einem Kind angesichts einer bestimmten Situation vorgeht. Allzu oft erlebt dann das Kind das, was diese Menschen von ihm erwarten oder ihm abverlangen, als entweder zu wenig oder eben zu viel. Das ist das Problem jeder »Frühförderung«, die wie ein Rasenmäher über die individuellen Besonderheiten und bisherigen Erfahrungshorizonte von Kindern hinweggezogen wird. »Das Gras wächst nicht höher, wenn man es immer wieder mäht«, würden die Indianer sagen, wenn sie uns beim Rasenmähen beobachten könnten …

Wenn das Kind selbst und die ihm nahe stehenden Personen die Einzigen sind, die wirklich genau beurteilen können, welche Aufgaben und Probleme zu einfach und welche zu kompliziert sind, so ergibt sich daraus, dass man die Weiterentwicklung eines Kindes nur fördern kann, indem man einen Raum schafft, in dem es vielfältige interessante Angebote gibt, und wenn man dem Kind einen großen Entscheidungsspielraum darüber lässt, welche dieser Angebote es aufgreifen will. Am besten gelingt das im Spiel und überhaupt in kreativen Prozessen. Deshalb brauchen Kinder genügend Raum und Zeit zum Spielen und Gestalten. Kinder, denen solche Freiräume geboten werden, lernen alles, was es dort zu lernen gibt.

Ausgangspunkt für die Beiträge in diesem Buch war ein Kongress, der im November 2002 in Göttingen unter dem Thema »Kunst und Erziehung – Erziehung als Kunst« stattgefunden hat. Dabei ging es uns u. a. darum, den Erziehungsprozess selbst als kreativen Akt zu beschreiben. Die Kunst des Erziehens ist ein dialogischer Prozess, der spätestens mit der Geburt eines Kindes beginnt. Schon in den ersten Monaten erlebt ein Kind – wenn der

Kommunikationsprozess gelingt –, dass es selbst eine aktive Rolle dabei spielt. Ein Kind sieht sich in den Augen der Mutter, und eine Mutter sieht, was sie in ihrem Kind auslöst. Erziehung als Kunst heißt auch innehalten, sich im andern spiegeln, dem anderen ein Spiegel sein, heißt betrachten und sich betrachten lassen, heißt sprechen und hören, agieren und reagieren, heißt Bewegung von innen nach außen bringen und umgekehrt:

Modellieren, arrangieren
zeichnen, schneiden, kleben
komponieren, inszenieren
drucken, bauen, malen
singen, musizieren

Stil, Epoche, Richtung
Bild, Skulptur, Konzert
Eindruck, Ausdruck, Tanz, Collage
Lust, Begeisterung, Interesse

Selbstdarstellung, Parodie
virtuos, besinnlich, heiter
erschütternd und bewegt
fremd, verfremdet, talentiert
begeistert, lustvoll, traurig

In der Kunst setzt sich der Mensch auf eindrucksvolle Weise mit seiner Menschwerdung und seinem Menschsein auseinander. Im eigenen kreativen Tun und im künstlerischen Handeln anderer erahnen wir etwas von der Welt, in der wir leben, und gewinnen auf diese Weise Erkenntnisse über uns. Kunst ist die spielerische Suche nach Lösungen.

Künstlerisches Tun setzt Wahrnehmungsfähigkeit voraus und hilft, sie gleichzeitig immer weiter zu differenzieren. Im emotionalen Verarbeitungsprozess des Wahrgenommenen finden permanent Entscheidungen statt. Was nicht wichtig ist, wird wieder hinausgeworfen, findet keinen Speicherplatz im kindlichen Gehirn.

Die Fähigkeiten des Wahrnehmens, des Bewertens und Entscheidens sind in der Gegenwart wichtige Überlebensstrategien. Gelingen diese Filterungsprozesse nicht, so sind die Kinder hilflos äußeren Einflüssen ausgesetzt. Die Fähigkeit zur Strukturierung unterbleibt, und damit gibt es im menschlichen Gehirn keine innere Struktur, die neue Erfahrungen in geeigneter Weise aufnehmen könnte.

Erziehen ist eine gestalterische Aufgabe. Über vielfältige Gestaltungsangebote lernen die Kinder vor allem ihre eigenen Fähigkeiten und Möglichkeiten kennen und nehmen dadurch ihre Selbstwirksamkeit wahr. Dies ist die grundlegende Voraussetzung für die Selbstmotivation in allen folgenden Lernprozessen.

> Es ist Zeit, in unserer Gesellschaft das zu retten,
> was sich nicht funktional rechtfertigen lässt.
> Es ist Zeit, für die Dinge einzutreten,
> die keine Zwecke haben,
> für das Spiel, für die Musik, für die Gedichte,
> für das Gebet, für das Singen, für die Stille,
> für alle poetischen Fähigkeiten des Menschen.
> Sie haben keine Lobby, und sie bringen keine Profite.
> Aber sie stärken unsere Seelen.
>
> *Fulbert Steffensky*

Wer erreichen möchte, dass Kinder in diesen Freiräumen auch genau die Erfahrungen machen, auf die es im Verlauf ihres weiteren Lebens so besonders ankommt (Entwicklung des Stirnlappens, s. o.), der muss versuchen, das Interesse der Kinder auf die spielerische Entdeckung und Erprobung eben dieser Fähigkeiten und Fertigkeiten zu lenken. Damit diese Entwicklungsprozesse gelingen, braucht man Menschen, die Kinder begeistern und ihnen neben reichhaltigem Material vielfältige Anregungen bieten; Menschen, die über mehr Lebenserfahrung verfügen als die Kinder selbst. Kinder brauchen also erwachsene Vorbilder, an deren Interessen, Fähigkeiten, Kompetenzen und Haltungen sie sich – auch oder gerade beim Spiel – orientieren können. Das müssen Vorbilder sein, die sie schätzen und mögen, die sie achten und die ihnen wichtig sind, mit denen sie sich also emotional verbunden fühlen. Solche Menschen können die geistige, seelische und moralische Entwicklung von Kindern – oder hirntechnisch gesprochen: die Ausformung und Stabilisierung hochkomplexer Verschaltungsmuster im kindlichen Frontalhirn – wirklich nachhaltig fördern.

# Die Beiträge dieses Buches auf einen Blick

Aus unterschiedlichen Perspektiven gehen die Autorinnen und Autoren in diesem Buch der Frage nach, welche Bedingungen Kinder brauchen, damit sie die Lust am Lernen und Entdecken nicht verlieren. Dabei weisen sie auch auf Probleme hin, die Erziehungs- und Bildungsprozesse in der heutigen Situation erschweren.

**Mechthild Papoušek** bietet mit ihrem Beitrag die Grundlage für alle weiteren Ausführungen. Sie stellt nicht nur die umfassende Bedeutung des kindlichen Spiels für Selbstentwicklungsprozesse dar, sie weist nachdrücklich auf ein Problemfeld hin, das sie mit dem Begriff »Syndrom der Spielunlust und des Nicht-spielen-Könnens« bei schon ganz kleinen Kindern und ihren Eltern umschreibt. Die Fähigkeit zu spielen scheint nach ihren Beobachtungen schon von den Anfängen im Säuglingsalter an sowohl bei den Kindern als auch bei den Eltern in beunruhigender Weise verloren zu gehen. Damit versiegt nicht nur eine unerschöpfliche Quelle kindlicher Selbstwirksamkeitserfahrungen, es kommt auch nicht zu einer differenzierten Ausbildung von Selbst- und Fremdwahrnehmungsprozessen. Die Selbstentwicklung eines Menschen basiert auf unendlich vielen Interaktionserfahrungen mit anderen Menschen und der sie umgebenden Umwelt. Das Haupterfahrungsfeld für Säuglinge und größere Kinder ist und bleibt das Spiel. Wird diese Betätigungsmöglichkeit eingeschränkt, kommt es in der Folge zu Entwicklungsdefiziten im gesamten Bereich der basalen Wahrnehmungsfähigkeit. Voraussetzung für Spielfähigkeit ist ein körperliches und seelisches Wohlbefinden, das von Geborgenheits- und Sicherheitserfahrungen abhängig ist. Hier liegt die Hauptaufgabe von Eltern, Erzieherinnen und Lehrern, wenn es darum geht, die Fundamente für eine erfolgreiche Bildung zu legen. Den Erwachsenen kommt vor allem die Aufgabe zu, die Lebenswelt der Kinder so zu gestalten, dass sie dem Kind entwicklungsspezifische Erfahrungen ermöglicht. Wenn sich Eltern, Erzieherinnen und Lehrer auf das Spiel der Kinder einlassen, haben sie eine unvergleichliche Chance, an der inneren Erfahrungswelt des Kindes teilzuhaben.

**Gabriele Haug-Schnabel** bestätigt diesen Ansatz, wenn sie hervorhebt, dass die Entwicklung der Kinder von Handlungs- und Erlebnisräumen abhängt, die Erwachsene den Kindern vorgeben. Sie gibt dem Leser Einblick in die konkreten Interaktionsprozesse zwischen Eltern und ihren Kindern. Dabei nimmt sie oft die Perspektive eines Kindes ein und macht damit auf besondere Weise nachvollziehbar, welche Erlebens- und Denkprozesse in einem Kind ablaufen. Wenn sich ein Kind zum Beispiel zeitweise aufdringlich und provokant verhält, dann erfordert dies eine klare Antwort. Im kindlichen Entwicklungsprozess spielt das Ausloten der Freiräume und Grenzen eine entscheidende Rolle. In einem lebendigen Interaktionsprozess sind Auseinandersetzungen und Frustrationserfahrungen unvermeidlich. Wenn die Eltern und Erzieher diesen Herausforderungen ausweichen, kommt es zu verstärkten Provokationen. Das Kind lotet so seinen Gestaltungsfreiraum aus. Nur wenn man konsequente, aber auch einsichtige Grenzen setzt, schafft man die Voraussetzung dafür, dass ein Kind wieder zur Ruhe kommt und handlungsfähig bleibt.

Nachdrücklich betont Gabriele Haug-Schnabel die Bedeutung der Langeweile für kreative Schaffensmomente. Sie weist darauf hin, dass die Zeit vieler Kinder von den Erwachsenen verplant ist. Aus der Perspektive der Entwicklungsforschung warnt sie davor, Kinder mit dauernden Aktivitäten wie Reiten, Musik- oder Ballettunterricht auf Trab zu halten. In diesen Zusammenhang gehören auch überzogene gesellschaftspolitische Erwartungen, die den Kindern keinen Freiraum mehr lassen, ihre eigene Kreativität zu entfalten. Wer nur darauf aus ist, die Kinder »wettbewerbsfähiger« zu machen, trägt eher zu einer Entwicklungsverzögerung bei, die mit Stress, Nervosität und dem Verlust an Fantasie verbunden sein kann. Im schlimmsten Fall führt es zu einer Entmündigung kindlicher Eigenaktivitäten und mündet in einem Gefühl ruheloser Passivität.

**Rainer Patzlaff** belegt zunächst mit Zahlen die Sprachkrise, in der wir uns befinden. Mit der Feststellung von Sprachentwicklungsstörungen sei aber nur die Oberfläche des Problems berührt. Die meisten Kinder, die Rückstände in ihrer Sprachentwicklung zeigten, hätten auch erhebliche Defizite im sensorischen und im motorischen Bereich, denn zwischen der Bewegungs- und Sinnesentwicklung des Kindes und seiner sprachlichen Entwicklung gibt es äußerst komplexe Zusammenhänge. Sprachentwicklungsstörungen sind kein isoliertes Phänomen, sondern deuten auf tief greifende Störungen der gesamten Entwicklung im Kindesalter hin. Es ist für eine gelingende Erziehung wichtig, dem Kind die Chance für eine altersgemäße Sprachentwicklung zu geben. Sprache lebt nicht nur von der Gemeinsamkeit, sie ist auch bei kleineren Kindern in ein Bewegungsgeschehen eingebettet. Satzmelodie und Betonung, laut und leise, schnell und langsam entfalten ihre je eigene Wirkungskraft. Alles, was an der Sprache musikalischer Natur ist, wirkt in den ersten Lebensjahren ungleich stärker auf das Kind als der Inhalt des Gesprochenen.

Kinder fühlen sich überall da in ihrem Element, wo Singen und Spielen, Sprechen und Bewegung zu einer Einheit zusammenfließen. Sie erfinden sogar von sich aus mancherlei Lautkompositionen, in denen Sprachmusikalität und Freude am Rhythmus in den Vordergrund treten.

**Eckart Altenmüller** stellt fest, dass Musik eine menschliche Notwendigkeit und ein Teil unseres Lebens ist. Der Umgang mit Musik gehört in die Schule, weil Musik zu den wenigen Möglichkeiten gehört, Zugang zu den Dimensionen des Unaussprechlichen zu finden. In einer Welt der alles überflutenden medialen Geschwätzigkeit von Talkshows, Big-Brothers und Reality-TV brauchen wir in den Schulen Reservate des Nicht-mit-Worten-Sagbaren und Schutzzonen der Emotionen. Musikunterricht erschließt Innenwelten und öffnet die Ohren für ungewohnte Töne, für Zwischentöne, Untertöne. Er schult den Sinn für Ästhetik und hilft Abwehrkräfte gegen die Allgegenwart von Gebrauchsmusik zu entwickeln. Ein lebendiger Musikunterricht macht auch Lust auf mehr, auf Musizieren, auf Singen, auf Jazz-Combo und Schul-Band, auf Komponieren am Klavier oder am PC, auf Mitteilung dieser Innenwelten.

**Ulrich Gebhard** beschäftigt sich mit der Bedeutung kindlicher Naturbeziehungen. Es geht dabei um die Erfahrung von sicherer Vertrautheit und ständiger Neuigkeit. Eine naturnahe Umgebung, in der sowohl eine relative Kontinuität als auch ständiger Wandel zu beobachten ist, lässt die Erfahrung von Bekanntem und Neuem zu. Dort wird zum einen die Erfahrung von Kontinuität und damit Sicherheit und zugleich die Erfahrung von Veränderung gemacht. Der Wert von Natur liegt aber auch darin, dass die Kinder ein relativ hohes Maß an Freizügigkeit haben, zugleich relativ geborgen sind und zudem ihrem Bedürfnis nach »Wildnis« und Abenteuer nachgehen können. Der Naturraum, in dem man eigene Wünsche erfüllen, Fantasien und Träume schweifen lassen kann, wird als bedeutsam erlebt.

Aber mit »reiner« Naturerfahrung ist es nicht getan. In erster Linie wird die kindliche Persönlichkeitsentwicklung bestimmt von den Erfahrungen, die Kinder in den ersten Lebensjahren mit vertrauten Personen machen. Die Dinge der Natur bekommen erst Bedeutung innerhalb der Beziehungen zu lebendigen Menschen. Die Vertrautheit der Welt ist stets Ausdruck der Vertrautheit sowohl mit Menschen als auch mit Dingen. Für die Kinder ist es bedeutsam, welche Rolle ihre Eltern zur Umwelt einnehmen. Angesichts der Verplanung der kindlichen Freizeit und der Einschränkung des kindlichen Lebensraumes könnten naturnahe Spiel- und Erlebnisräume, die als Brache von den Kommunen einfach nur zur Verfügung gestellt werden müssten, viele kindliche Spiel-, Gestaltungs- und Entdeckerbedürfnisse erfüllen. Eine vielfach reizvolle Umwelt regt ihre hirnorganische und psychische Entwicklung an.

**Fredrik Vahle** schöpft aus dem Reichtum seiner Erfahrungen und zeigt, wie die Welt der Kinder durch Musik, Sprache und Poesie an Lebendigkeit gewinnen kann. Ein Kind entdeckt u. a. die Welt und seine Mitmenschen durch die Bewegung des eigenen Körpers, also auch durch den Einsatz seiner eigenen Stimme. Aber um den Anforderungen des traditionellen Lernbetriebes zu genügen, muss es weitgehend still und unbeweglich sein. Dies führt zu einer motorischen Verarmung, die wiederum die Lernfreude des Kindes deutlich schwächt.

Auf diesem Hintergrund sind Stilleübungen mit Kindern ein Unding, zumal die geforderte Bewegungslosigkeit bei Kindern Todesassoziationen und Angst von Verschwinden und Auflösung hervorrufen kann. Andererseits erproben Kinder von sich aus Zustände von Bewegungslosigkeit und absoluter Stille. Sie spielen Totsein, toter Mann im Wasser. Sie erproben das Still- und Ruhigsein in Verstecken, damit keiner sie entdeckt. In solchen selbst gewählten Situationen haben sie anscheinend doch das Bedürfnis und auch die Fähigkeit, still und ruhig zu sein. Sie spielen mit dem Tod und anderen angstmachenden Dingen, um zu lernen, ihre Angst zu beherrschen. Aber die hier erreichte Stille muss von der in Stilleübungen praktizierten unterschieden werden; sie hat etwas sehr Lebendiges. Stille kann man hören, sie hat ihre Magie, ihre segensreiche Wirkung. »Jeder Ort auf dieser Erde hat seine eigene Stille.« Hören braucht eine Einbettung in eine Kultur der Stille. Fredrik Vahle zeigt, wie wir ganz gewöhnliche Dinge auf außergewöhnliche Art tun können. Er erzählt die Geschichte vom Mann, der nur einen Ton spielen konnte, und von der Mutter, die hinausgeht, um eine Inspiration für ein Lied zu bekommen, das sie ihrem Kind mit auf den Lebensweg gibt.

**Margarete Stracke** stellt kunsttherapeutische Aspekte in den Mittelpunkt ihres Beitrags. Zeichnen, Malen und plastisches Gestalten sind beliebte Tätigkeiten bei vielen Kindern. Leider verliert das eigenständige Erschaffen von Bildern im häuslichen Bereich an Bedeutung. Diese Abnahme von kreativer Tätigkeit ist ein Verlust, denn Malen und Zeichnen sowie das Herstellen von Objekten können auf sehr wirksame Weise die Selbstwerdungsprozesse der Kinder fördern.

Die bildnerisch psychotherapeutische Arbeit eröffnet die Chance, sich Unsagbarem anzunähern und somit einen Weg auch in die Versprachlichung anzubahnen. Gerade wenn es sich um biografische Geschehnisse aus der Zeit vor dem Spracherwerb handelt oder um traumatische Ereignisse, die eine sprachliche Symbolisierung nicht zugelassen haben, zeigt sich die besondere Kraft des Bilderschaffens. Sie kann bisher nicht stattgefundene Symbolisierungsprozesse in Gang setzen und damit eine seelische Verarbeitung der problematischen Ereignisse und Traumatisierungen ermöglichen. Der Malende kann sich selbst als Urheber und Autor seines Bildes wahrnehmen und damit entdecken, dass er auch Gestalter seines eigenen Lebens sein kann.

Es ist unsere Hoffnung, dass jeder Beitrag Perspektiven für eine kreative Erziehung vermittelt. Wenn wir in diesem Zusammenhang von Kreativität sprechen, so meinen wir nicht das Schaffen bedeutender Kunstwerke, sondern unsere Art des Umgangs mit unseren Kindern. »Mehr als alles andere ist es die kreative Wahrnehmung, die dem Einzelnen das Gefühl gibt, dass das Leben lebenswert ist.« (Winnicott, 2002, S. 78).

Mechthild Papoušek

# Spiel und Kreativität in der frühen Kindheit[1]

Ist die Fähigkeit zu spielen in Gefahr? Bei den Kindern? Bei ihren Müttern und Vätern? In der Münchner Sprechstunde für Schreibabys wurden in den letzten zehn Jahren über 2000 Säuglinge und Kleinkinder wegen exzessiven Schreiens, chronischer Unruhe, Schlaf-, Fütter- und Gedeihstörungen untersucht und behandelt. Im Mittelpunkt der klinischen Diagnostik, Beratung und Behandlung stehen videogestützte Verhaltensbeobachtungen des kindlichen Spiels, im Alleinspiel und im gemeinsamen Zwiegespräch und Spiel mit den Eltern. Dabei hat sich – beginnend in der frühesten Kindheit – immer deutlicher ein Syndrom herauskristallisiert, das klinisch und wissenschaftlich bisher weit weniger Aufmerksamkeit gefunden hat als die Entwicklung der Bindung: Spielunlust und Nicht-spielen-Können, gepaart mit chronischer Unruhe und Unzufriedenheit. In bemerkenswerter Übereinstimmung ist schon bei der Anamnese von vielen Eltern zu hören: »Mein Kind kann sich überhaupt nicht allein beschäftigen. – Es ist unruhig und quengelig und fordert, den ganzen Tag unterhalten zu werden. – Es mag nicht spielen; das Spielzeug ist ihm längst langweilig geworden, es reißt nur alles aus dem Schrank und schmeißt es herum. Daheim ist es ihm furchtbar langweilig. – Interessant sind nur Fernbedienung und Computer. – Mein Kind fordert permanent meine Aufmerksamkeit, ich kann nicht mal allein auf dic Toilette gehen, geschweige denn einen Moment in Ruhe telefonieren.« Oder auch: »Daheim, nur mit dem Kind, fällt mir die Decke auf den Kopf. – Ich tue alles für mein Kind, aber Spielen liegt mir nun mal nicht. Ich kaufe ständig neues Spielzeug, wir haben jeden Tag ein Programm, ich weiß gar nicht, was ich ihm noch alles bieten soll.«

Die Fähigkeit zu spielen scheint von den Anfängen im Säuglingsalter an sowohl bei den Kindern als auch bei den Eltern in beunruhigendem Maße verloren zu gehen. Dieses Phänomen hat nach unseren Beobachtungen und Untersuchungen einen beträchtlichen Stellenwert in der Entwicklungspathogenese von frühen Verhaltens- und Beziehungsstörungen. Das frühkindliche Spiel ist daher in der Eltern-Säuglings- und Kleinkind-Behandlung zu einem wichtigen Ansatz präventiver und therapeutischer Interventionen geworden.

## *Anfänge der Selbstentwicklung*

Welche Rolle kommt dem Spiel in der frühkindlichen Entwicklung zu, speziell in den Anfängen der Selbstentwicklung des Kindes?

Um die Mitte des zweiten Lebensjahres beginnt das Kind, sich selbst, sein »figurales Selbst« (Bischof-Köhler, 1998) im Spiegel zu erkennen. Diesem Ereignis sind vielfältige Erfahrungen mit dem eigenen Spiegelbild vorausgegangen, die Faszination des Blickkontakts mit dem Gegenüber im Spiegelbild mit zwei Monaten (Papoušek; Papoušek, 1974), das Entdecken von kontingenten Zusammenhängen der eigenen Bewegungsmuster mit denen des gespiegelten Kindes (ab drei Monaten), die Freude an einem Spielkumpan, gezieltes Beobachten eigener Spielhandlungen (mit 8 Monaten) und erstes, noch unbehagliches Gewahrwerden des eigenen Selbst zu Beginn des 2. Lebensjahres. Um vieles regelmäßiger hat sich der Säugling aber von Geburt an im Spiegel seiner Eltern erlebt, die ihm dank ihrer unwillkürlichen Nachahmungsbereitschaft in Mimik und Stimme eine Art »biologischen Spiegel«, ein »biologisches Echo« geboten haben: tausendfache Gelegenheiten, Gemeinsamkeiten zwischen dem eigenen Verhalten und Erleben und dem Verhalten und Erleben der Eltern zu entdecken (Gopnik et al., 2001).

Die Selbstentwicklung, die Entwicklung der individuellen Einzigartigkeit und Autonomie des Kindes hat vielerlei Fassetten, unter denen die Selbstwahrnehmung im Spiegel nur eine der

Entwicklungslinien darstellt. Die Wurzeln reichen bis in die vorgeburtliche Zeit zurück. Am ausgiebigsten erforscht wurde der zentrale, eng mit der motorischen Entwicklung assoziierte Bereich der Erfahrung von Urheberschaft (Stern, 1985) und Selbstwirksamkeit, das Entdecken von kontingenten Zusammenhängen zwischen dem eigenen Verhalten und dem, was es in der belebten und unbelebten Umwelt bewirkt (Papoušek; Papoušek, 1977a). Aus dieser Grunderfahrung differenzieren sich im 1. und 2. Lebensjahr zielgerichtetes Verhalten, Intentionalität, Handlungsplanung, Gewahrwerden des eigenen Willens und willentliche Selbstbestimmung, eine Entwicklungslinie, die in allen Bereichen der motorischen Entwicklung zu beobachten ist, in Grob- und Feinmotorik, in Mimik und Vokalisation und in besonderem Maße in Bezug auf die eigenständige Fortbewegung und den aufrechten Gang (Biringen et al., 1995).

Die Erfahrung von Selbstwirksamkeit und Urheberschaft ist von Anfang an mit den angeborenen inneren Motivationssystemen von Neugier, Erkundungsdrang und Motivation, sich in der Welt zurechtzufinden, verknüpft (Heckhausen, 1987), die in sichtbarer Freude an Erfolg und erfüllter Erwartung, am Selbermachen und Selbermeistern zum Ausdruck kommen. Schon vor 40 Jahren stellte H. Papoušek in seinen Lernstudien mit Überraschung fest, dass bereits drei Monate alte Säuglinge auch ohne äußere Belohnung mit großem Einsatz und erstaunlicher Ausdauer zu lernen bereit waren (Papoušek, 1967). Das frühkindliche Erproben und Einüben des stimmlichen Potenzials im Spiel mit der Stimme, dem ersten und stets verfügbaren Spielzeug des Säuglings, ist ein anschauliches Beispiel für Spielen und Lernen um seiner selbst willen (Papoušek, 1994).

Bereits das Neugeborene hat ein Bedürfnis, sich mit der Umwelt vertraut zu machen, Zusammenhänge zwischen seinem eigenen Verhalten und Ereignissen in der Umwelt herauszufinden und dabei Regelhaftigkeiten und Voraussagbares zu entdecken. Es mobilisiert dafür enorme Kräfte und scheut keine Anstrengung oder Aufregung, um sich mit dem Unbekannten auseinander zu setzen. Die damit einhergehende Erregung und Aktivierung erfordert zunehmend eigenständige Fähigkeiten zur Selbstregulation, das Einüben von Strategien zur Modulation der affektiven Erregung, zur inhibitorischen Kontrolle störender Impulse und zum Ausblenden und Ausfiltern ablenkender Reize.

Ebenso wichtig für die Selbstentwicklung sind die Bereiche der Selbstwahrnehmung, beginnend mit der Differenzierung von Selbst- und Fremdberührung bereits im Mutterleib, den Wahrnehmungen der eigenen Bewegungen und Körperfunktionen und der Wahrnehmung des eigenen Körpers im Raum, die Wahrnehmungsbereiche der basalen Sinne, die der empirischen Erforschung besonders schwer zugänglich sind. Selbstkonzept und Gewahrwerden des eigenen Selbst bilden sich aus der Integration und prozeduralen Speicherung aller im Alltag relevanten und häufig wiederkehrenden Erfahrungen des Kindes mit sich selbst in Interaktion mit der Umwelt, die vom zweiten Lebensjahr an zunehmend auch symbolisch und sprachlich repräsentiert werden.

Untrennbar von den genannten Erfahrungsbereichen bilden sich Befindlichkeiten und Emotionen in Bezug auf das eigene Selbst heraus, die sich in dynamischer Wechselbeziehung mit der emotionalen Bindung an die Hauptbezugspersonen entwickeln und für die Persönlichkeitsentwicklung nicht minder wichtig sind als die Bindungssicherheit: Selbstzufriedenheit, Selbstsicherheit und Selbstvertrauen, Vertrauen in die eigenen Fähigkeiten und Selbstwertgefühl.

## *Spiel als biologisch verankertes Grundbedürfnis*

Worin besteht nun aber das Spiel? Im Zeitgeist unserer Tage wird es in seiner Bedeutung nur schlecht verstanden, degradiert zum bloßen »Zeitvertreib«, als probates Mittel gegen Langeweile, Beschäftigungsprogramm. Nach dem Motto: »Spiel ist etwas, das zufriedene Kinder tun, wenn die Erwachsenen sie nicht mit anderen Aufgaben stören. Und Spiel ist etwas, das Erwachsene ihren

Aufmerksamkeit fordernden Kindern zu tun empfehlen, um sie loszuwerden.« (Fein, 1981).

Aus biologischer Sicht stellt das Spiel ein Grundbedürfnis des Menschen dar (Papoušek et al., 2000), das – anders als bei unseren Verwandten im Tierreich – bis ins Erwachsenenalter anhält, obgleich es oft verschüttet ist. Aus anthropologischer Sicht wurde der Mensch in Abhebung vom Homo sapiens auch als Homo ludens (Huizinga, 1962) bezeichnet. In der Wissenschaft gilt das Spiel ähnlich wie in der Gesellschaft vor allem als Domäne der Pädagogik, in unserem Falle der Kleinkindpädagogik. In der Entwicklungspsychologie der frühen Kindheit wurde das Spiel in langer ehrbarer Tradition vor allem in engem Zusammenhang mit der kognitiven Entwicklung des Kindes analysiert. In klinischen Konzepten der emotionalen und sozialen Entwicklung, der frühkindlichen Entwicklungspsychopathologie, Diagnostik, Prävention und Therapie taucht dagegen das Spiel im Schatten der Bindungskonzepte eher selten auf und hat erst in jüngster Zeit als abhängige Komponente der Bindungs-Explorationsbalance an Aufmerksamkeit gewonnen (Grossmann; Grossmann, 2003).

Das Spiel wurzelt in dem genuinen Bedürfnis des Kindes, sich mit seiner sozialen und materiellen Umwelt vertraut zu machen, sie zu begreifen und auf sie einzuwirken (Largo, 2003). Die treibenden Kräfte sind seine Neugier und Eigenaktivität. Aus dieser Sicht ist das frühkindliche Spiel nicht mehr und nicht weniger als selbst gesteuertes Lernen, selbst bestimmtes, zweckfreies Aufnehmen und Integrieren von Erfahrungen. Das Spiel erlaubt dem Kind, neue Fertigkeiten zu erproben, Lösungen und Strategien für immer komplexere Probleme zu erfinden und schließlich auch emotionale Konflikte zu bewältigen (Oerter, 2003). Der Ernst, die Freude und die Begeisterung im Spiel speisen sich aus inneren Motivationen zum Erkunden der belebten und unbelebten Umwelt, zum Entdecken von Regeln und Zusammenhängen, zur Selbstwirksamkeit und Urheberschaft. Trotz Anstrengung, gelegentlicher Frustrationen und Momenten von Langeweile kann das Spiel daher für das Kind von früh an zu einer unersetzbaren

Quelle von Zufriedenheit, Selbstsicherheit und positivem Selbstwertgefühl werden und entscheidend zur Entwicklung eines autonomen Selbst beitragen (Papoušek, 2003).

Beim selbst initiierten Lernen folgt das Kind dem inneren Reifungs- und Entwicklungsplan seines Gehirns. In der Auswahl von Spielsachen, in Zeitpunkt, Tempo und jeweiligen Interessen wird es von der Entwicklungsdynamik seiner integrativen Fähigkeiten geleitet (Largo, 2003).

## *Die Rolle von Eltern und Erziehern im Spiel*

Bei so viel früh angelegter Eigenständigkeit des Kindes stellt sich mit Recht die Frage, was Eltern und Erziehern zu tun bleibt. Welche Rolle kommt ihnen in Bezug auf Alleinspiel und gemeinsames Spiel zu? Wie Largo eindrücklich herausgearbeitet hat, gibt es vom frühen Säuglingsalter an – d. h. schon *vor* dem Entstehen einer personenspezifischen Bindung – eine wichtige Voraussetzung für das Spielerische: ein körperliches und seelisches Wohlbefinden, Geborgenheit und Sicherheit in der Beziehung zu seinen wichtigsten Betreuungspersonen (Largo, 2003). In allererster Linie kommt daher den Eltern, in vielen Fällen aber auch den Erziehern die Rolle zu, diese Grundbedürfnisse des Babys zu erfüllen.

Darüber hinaus sieht die Rolle der Eltern und Erzieher auf den ersten Blick eher bescheiden aus: kein Baby-Curriculum, kein Beschäftigungsprogramm, keine Förderaktivitäten. Das Wichtigste überhaupt ist das, was mit dem altdeutschen Begriff »Muße« umschrieben ist: Zeit haben, sich Zeit nehmen, sich einlassen. Genau das ist jedoch in den Zwängen der heutigen Zeit und Lebensweise zu einem kostbaren, ja, bedrohten Gut geworden, einer Lebensweise, die durch Hektik, Stress und volle Terminkalender geprägt ist, die bis in Freizeit, Urlaub, Spaß und Auszeiten hinein verplant und vermarktet ist, einer Lebensweise, in der nicht einmal rund um Schwangerschaft, Geburt und Wochenbett ein Innehalten mit Zeit und Muße für Erholungspausen zugestanden wird.

Das Spiel bietet Eltern eine unersetzbare Chance, sich auf das dem Baby eigene Tempo einzulassen, sich im Zwiegespräch mit dem Baby, im nonverbalen und verbalen Austausch in seine Erfahrungswelt hineinnehmen und sich dabei von ihm leiten zu lassen (Papoušek, 2003). Auch das ist angesichts der Verführungen und vermeintlichen Förderangebote des boomenden »Babymarktes« alles andere als leicht. Die Angst, in der Frühzeit etwas an Fördermöglichkeiten zu verpassen, und die Sorge, ob sich ihr Kind einmal im Leistungswettbewerb von Gesellschaft und Berufswelt wird durchsetzen können, bringen die Eltern von früh an unter Druck und machen sie für das verwirrende Angebot an widersprüchlichen Empfehlungen, Elternratgebern und Smart-Baby-Programmen anfällig, für pränatale Sprachkurse, Babyschwimmen, Laufschulen, Lernspielzeug aller Art, Baby-CDs, Baby-Fernsehen und Frühfördervideotheken.

Die aktive Aufgabe der Erwachsenen liegt vor allem darin, dass sie die Lebenswelt des Kindes so gestalten, dass sie sicher genug ist, das Kind vor Gefahren schützt und dass sie dem Kind entwicklungsspezifische Erfahrungen ermöglicht. Zum Schutz vor Gefahren gehört heute mehr denn je auch das Abschirmen vor einer Überflutung mit Reizen. Auch das fällt den Eltern heute zunehmend schwer. In der heutigen Medienwelt und Lebensweise selbst einer permanenten Flut von Eindrücken mit rasanter Abfolge von intensiven, erregenden, sensationellen Informationen ausgesetzt, gelingt es vielen Eltern kaum, zu pausieren, zur Ruhe zu kommen, Auszeiten und ein bisschen Langeweile auszuhalten. Babys nehmen sich in der Regel bereits in den frühen Aufmerksamkeitszyklen ihre kleinen Auszeiten, wenden sich ab, wenn sie eine Pause zum »Verdauen« des Erlebten brauchen. Allzu oft wird dies jedoch von Eltern, die selbst von innerer Unruhe getrieben sind, als Zeichen von Langeweile fehlgedeutet und mit neuen Spielzeugangeboten beantwortet.

### *Spielerische Elemente der intuitiven elterlichen Kompetenzen*

Wo immer es gelingt, dass sich Eltern und Erzieher im Spiel auf die Kommunikation mit dem Baby einlassen, kommen auch die intuitiven elterlichen Kompetenzen ins Spiel (Papoušek; Papoušek, 1987; 1990): die vielerlei adaptiven Verhaltensanpassungen in Mimik, Stimme und Körpersprache, die wir intuitiv, ohne bewusste Kontrolle oder Absicht ausüben, sobald wir uns mit dem Kind im vorsprachlichen Alter verständigen wollen; psychobiologisch verankerte Verhaltensbereitschaften, die komplementär und kompensatorisch auf die Fähigkeiten und Schwierigkeiten der frühkindlichen Wahrnehmung und Verhaltensregulation des Kindes auf dem jeweiligen Entwicklungsstand abgestimmt sind; Verhaltensbereitschaften, die eng mit den artspezifischen Formen der biologischen Anpassung verknüpft sind, mit den spezifischen Fähigkeiten des Menschen, Erfahrungen zu integrieren, symbolisch zu repräsentieren und mithilfe von Kommunikation und Sprache auszutauschen und weiterzugeben (Papoušek et al., 2000). Eltern verfügen über bemerkenswerte Fähigkeiten, Schlüsselsignale im Verhalten des Babys wahrzunehmen und zu verstehen. Sie können daraus seine momentanen Interessen und Vorlieben ablesen, Aufnahmebereitschaft und Toleranzgrenzen, Schwierigkeiten und Stärken, Frustration beim Misslingen und Zufriedenheit beim Gelingen. Vor allem auch vermögen sie abzuschätzen, was sie dem Baby allein zutrauen können und wo es Ermunterung, Hilfe und Unterstützung braucht. Eltern können sich von den Signalen und Initiativen des Kindes leiten lassen und sie in angemessener Dosierung und Abstimmung auf eine dem Baby verständliche Weise beantworten. Und nicht zuletzt bieten sie ihm in Zwiegespräch und Spiel einen unterstützenden Rahmen, in dem es seine heranreifenden Fähigkeiten erproben und einüben kann und in dem es Selbstwirksamkeit pur erleben kann.

In Bezug auf das Spiel sind die intuitiven Verhaltensbereitschaften der Eltern so angelegt, dass sie dem Kind in seinem selbst gesteuerten Spiel eine individuelle, wohl abgestimmte Förderung anbieten (Papoušek et al., 1987). Diese »intuitive elterliche Früherziehung« lässt sich nicht durch noch so gut durchdachte pädagogische Förderprogramme ersetzen, sofern diese nicht auch die intuitiv geleitete Kommunikation mit dem Baby und Kleinkind in den Mittelpunkt stellen.

Die Eltern werden ihrerseits durch die Rückkoppelungssignale ihres Kindes in ihrem oft so vulnerablen Selbstvertrauen in ihre genuinen Kompetenzen bestärkt. So wird das Spiel mit dem Kind zu einer Erfahrung positiver Gegenseitigkeit, es schließt sich eine Art »Engelskreis«, der für die Entwicklung der Eltern-Kind-Beziehungen und für die Selbstentwicklung des Kindes eine wichtige Ressource darstellt.

## *Ebenen der Erfahrungsintegration im Spiel*

Beim Spiel haben mein Mann und ich zwei Ebenen der Auseinandersetzung mit der Umwelt als bedeutsame Formen der Anpassung unterschieden (Papoušek; Papoušek, 1977b). Die erste Ebene dient in vielfältigen Wiederholungen dem primären Erkunden und Vertrautwerden mit dem Unbekannten, dem Erproben und Einüben von Grundfertigkeiten, dem Erkennen einfacher Regeln und dem Ausbilden von ersten einfachen Konzepten und Erwartungen. Diese basale Integration bietet dem kindlichen Organismus Schutz und Sicherheit vor Angst und Stress gegenüber dem Neuen, Unbekannten und Fremden.

Das Spiel hat sich beim Menschen auf artspezifische Weise weiterentwickelt. Es nimmt eine zuweilen kritische Hürde dank einer inneren Bereitschaft, einem Bedürfnis, nicht bei den einmal erworbenen, oft oberflächlichen und einseitigen Konzepten und Fertigkeiten stehen zu bleiben, sondern die Konzepte von neuem zu öffnen, gleichsam zu hinterfragen, ihre Gültigkeit zu überprüfen, sie durch Erkundung neuer Aspekte zu bereichern, zu variieren, zu verfremden oder auch in neue Zusammenhänge zu stellen und in neuem Licht zu betrachten. Diese Ebene schützt den kindlichen Organismus vor Langeweile, vor Unzufriedenheit und Stagnation. In der späteren Entwicklung bis hin zum Erwachsenenalter kennzeichnet die Bereitschaft zum Öffnen und Bereichern bereits bestehender Konzepte nicht nur das Spiel, sondern auch die Kunst, den Humor und die Wissenschaft. Ein Missverhältnis zwischen beiden Ebenen kann zu einem Mangel an Flexibilität und Anpassungsfähigkeit, zu rigidem Festhalten an dogmatischen Konzepten, zu Vorurteilen und Aberglauben führen (Papoušek, 2003).

### *Frühentwicklung des Spiels*

Die beiden Ebenen kann man schon früh in der Erfahrungswelt des Babys beobachten. So reagiert das Baby auf sein erstes Bad mit intensivem Orientieren, mimischer und motorischer Anspannung und autonomer Erregung, um sich mit der neuen Erfahrung vertraut zu machen, und es blickt zur Mutter hin, um sich an ihrer Mimik und Stimme rückzuversichern. Sobald sich der Säugling mit der neuen Situation auskennt und zu entspannen beginnt, kann auch das Bad zum Spiel auf der zweiten Ebene werden.

Nach dem ersten Entwicklungsschub mit 3 Monaten beginnt der Säugling mit seinen ersten Greifversuchen gezielter als bisher Gegenstände zu ertasten und mit Mund und Händen zu explorieren. Beim Spiel mit einem Mobile mit hölzernen Klangstäben entdeckt er seine Selbstwirksamkeit in Bezug auf die Bewegungen und Klänge der Stäbe. Die beobachtbare anfängliche Anspannung und Anstrengung wird von Entspannung und Freude am Erfolg abgelöst, sobald es ihm gelingt, durch gezielte Bewegungen kontingente Effekte auszulösen. Er hat die Regeln entdeckt, nach denen er die Stäbe zum Klingen bringen kann, Regeln, auf die das Kind Erwartungen aufbauen und antizipieren kann (Papoušek, 2003).

Etwa zur gleichen Zeit beginnt mit den wohltönenden Gurrlauten das kindliche Spiel mit seiner Stimme (Papoušek et al., 2000; Papoušek, 1994). Die Stimme ist gewissermaßen das erste und stets verfügbare Spielzeug, dessen Potenzial der Säugling kreativ in verschiedensten Stimmlagen, Klangfarben und Lautstärken erprobt und mit dem es den oft spielerisch wiederholten Lautgebilden der elterlichen Stimme nachzueifern sucht.

## *Frühe Missverständnisse im spielerischen Zwiegespräch*

Die frühesten regelhaften Kontingenzerfahrungen erlebt der Säugling in den alltäglichen Interaktionen mit seinen Eltern. Auch hier bildet er in Zusammenhang mit seinem eigenen Kommunikationsverhalten als Urheber der elterlichen Antworten Erwartungen aus, die sich im Alltag mit hoher Wahrscheinlichkeit erfüllen. Diese Erwartungen können empfindlich verletzt werden, wenn die Eltern nicht mehr wie gewohnt unvoraussagbar und damit unverständlich reagieren. Davon kann man sich leicht überzeugen, wenn man die Eltern bittet, für kurze Zeit am Kind vorbeizuschauen und nicht mehr zu antworten (sog. Still-face) oder aber lediglich die Augen zu schließen, mit dem Effekt, auf die sichtbaren Signale nicht mehr kontingent antworten zu können (Papoušek, 1984). In beiden Situationen ist der Säugling zunächst konsterniert, zeigt intensive Orientierungsreaktionen, gefolgt von lebhaften selbst gesteuerten Versuchen, den vertrauten Ablauf wechselseitiger Kontingenzen wieder herzustellen, bis er enttäuscht seine Initiativen einstellt und sich von der Mutter abwendet. Derartige Erfahrungen kurzfristiger Unverständlichkeit der Mutter gehören zu den unvermeidlichen, aber vermutlich wichtigen Alltagserfahrungen jedes Säuglings, ebenso wie die Erfahrung, dass er in der Regel durch eigenes Zutun das vertraute Wechselspiel wieder in Gang setzen kann.

Anhaltende Enttäuschung kann man dagegen beobachten, wenn der Säugling in den Alltagsinteraktionen einen Mangel an kontingenten Antworten erfährt, z. B. wenn seine Mutter unter einer depressiven Störung im Wochenbett leidet und in ihrer intuitiven Verhaltensbereitschaft blockiert ist (Papoušek, 2002). In der

Folge sinken Neugier und Eigenaktivität des Säuglings, er wird zunehmend passiv, schaut lust- und ziellos umher, sucht immer wieder den Blickkontakt mit der Mutter, wendet sich jedoch rasch wieder ab, wenn sein Blick unbeantwortet bleibt. Wird dieser Mangel nicht durch Kommunikation mit einer psychisch gesunden Bezugsperson kompensiert, bleibt der Säugling in der Entwicklung von Eigeninitiative in Spiel und Kommunikation zurück. In der weiteren Entwicklung kommt es gehäuft zu unsicheren Bindungsmustern und zu Störungen der Bindungs-Explorationsbalance, die sich in exzessivem Klammern und Hemmung der Explorationsbedürfnisse äußern.

Die frühen Erfahrungen spielerischer Kontingenz im Zwiegespräch sind auch dann problematisch, wenn ein Teufelskreis negativ-kontingenter Gegenseitigkeit entsteht. Eine von Unruhe getriebene depressive Mutter etwa, die sich von ihrem untröstlich schreienden Säugling abgelehnt fühlt, müht sich verzweifelt um Blickkontakt mit ihrem Kind, das ihre Spielangebote mit Blickvermeidung quittiert und sich umso mehr durch Abschalten seiner Aufmerksamkeit schützt, je häufiger sie die Spielchen wechselt, je weniger sie pausiert, je intensiver und zudringlicher sie stimuliert.

Erst beim Still-face findet das Baby die nötige Erholungspause, um dann wie befreit aktiv mit seinem ganzen Charme um eine kontingente Antwort der Mutter zu werben.

## *Von der Exploration zum Symbolspiel*

Bereits im ersten Halbjahr bildet sich das Kind durch Erkundung mit Mund, Augen und Händen einfache Vorstellungen und Konzepte von Verhalten, Gesicht und Gestalt seiner Bezugspersonen, von seinem eigenen Körper und von vielerlei Gegenständen in seiner Umwelt. In der Mitte des 2. Lebenshalbjahres und des 2. Lebensjahres folgen die weiteren Stufen der selbst gesteuerten spielerischen Auseinandersetzung mit der Umwelt. Mit der schrittweisen motorischen Aufrichtung und der selbstständigen Lokomotion erweitert sich der Horizont auf dramatische Weise, und mit dem zunehmenden Explorationsradius auch die Vorstellungswelt, das Entdecken des Raumes, der räumlichen Beziehungen und schließlich der Permanenz von Gegenständen und Personen in der eigenen Vorstellung, Themen, mit denen sich das Kind ausdauernd im Spiel beschäftigt (Turm bauen, Zug fahren, Wegwerfen, Guckguck-da und andere Versteckspielchen) (Papoušek; Papoušek, 1977a). Entwicklungspsychologen und Pädagogen wetteifern darin, Stufenleitern zunehmend komplexerer Spielhandlungen zu ermitteln, die man auch heranzieht, um den kognitiven Entwicklungsstand des Kindes zu ermitteln. Besondere Aufmerksamkeit verdient der schrittweise Übergang vom Explorations- zum Symbolspiel, in dem die wachsende Fähigkeit des Kindes zum Ausdruck kommt, seine gewonnenen Konzepte, Kategorien und Erfahrungen mit sich und der Umwelt in einer von der realen Präsenz der Dinge und Personen gelösten Vorstellungswelt symbolisch zu repräsentieren (Bornstein, 2003).

Eltern zerbrechen sich den Kopf, welche Spielsachen auf welcher Stufe dieser intensiven Entwicklungsphase angemessen sind, ja mehr noch, womit sie die Entwicklung vorantreiben und fördern können, um nur ja nichts zu versäumen. Ihre Sorge ist unnötig, denn auch für dieses Lebensalter gilt, dass Neugier und Eigenaktivität des Kindes von der individuellen Entwicklungsphase gesteuert werden. Wie Largo (2003) zutreffend beschreibt, sucht sich das Kind aus der Vielzahl möglicher Erfahrungen in seiner Umwelt die heraus, die seinem Entwicklungsstand, der Zone der nächsten Entwicklung (Wygotsky, 1978) entsprechen. In der Umwelt wird das als Spielzeug auserkoren, was Anreiz zur Beschäftigung mit dem eben anstehenden Entwicklungsthema bietet. Die Aufgabe der Eltern beschränkt sich vor allem darauf, ein angemessenes Erfahrungsangebot bereit zu stellen und wiederum dem Kind mit seinen Erkundungs- und Bemeisterungsbedürfnissen die Initiative zu überlassen. Entwicklungsfortschritte kann man nicht durch frühzeitiges Einführen von altersunangemessenem Spielzeug forcieren oder antrainieren. Alle Förderbemühungen von außen sind zum

Scheitern verurteilt und bergen die Gefahr, das Kind zu überfordern und seine Lust am Spiel zu blockieren, solange sie sich nicht an der Neugier und Eigenaktivität des Kindes orientieren.

Weitaus wichtiger als die Auswahl von Spielsachen und Förderaktivitäten ist die Kommunikation, die Verständigung mit dem Kind im gemeinsamen Spiel (Papoušek, 2003). Sich auf das Spiel mit dem Kind einzulassen bietet den Eltern eine unvergleichliche Chance, an seiner inneren Erfahrungswelt teilzuhaben. Das Spiel schafft einen Rahmen, in dem Eltern und Kind ihre Aufmerksamkeit gemeinsam auf einen Gegenstand ausrichten, in dem sie kooperatives Handeln im Spiel erproben, in dem sie Anspannung, Aufregung und Freude am Gelingen eines Spielablaufs gemeinsam erleben und austauschen, in dem sie gemeinsam auf ein Geschehen im Zentrum ihrer Aufmerksamkeit Bezug nehmen und diesem schließlich gemeinsam einen Namen geben. Im dialogischen Spiel erschaffen sich Eltern und Kind ihre gemeinsame Erfahrungswelt und Sprache.

Im 2. Lebensjahr differenzieren sich auch die kindlichen Nachahmungsfähigkeiten auf einer Ebene, die ihnen erlaubt, nicht nur Wörter und bald ganze Sätze nachzuahmen, sondern auch durch Beobachtungslernen das gesamte elterliche Verhalten zu kopieren (Gopnik et al., 2001). Ob es die Eltern wollen oder nicht, das Kind versucht sie nachzuahmen, in Tonfall und Mimik, Körperhaltung und Gesten und vielerlei Handlungsabläufen. Spielsachen und Kinderzimmer können nicht konkurrieren, wenn die Eltern das Kind an den Alltagsaktivitäten teilhaben lassen, die ihnen besonders wichtig sind. Die eigene Identität scheint aus der Identifikation mit einem oder beiden Elternteilen zu erwachsen und wird im Fantasie- und Rollenspiel auf vielfältige Weise erprobt.

## *Verbreitete frühe Gefährdungen des Spiels*

Die Fähigkeit zu spielen ist – beim Kind ebenso wie bei den Eltern – ein empfindlicher Indikator für den seelischen Gesundheitszustand. Festgefahrene Abweichungen im kindlichen und/oder elterlichen Spielverhalten geben deutliche Hinweise auf Probleme in der Kommunikation und Beziehung (Papoušek, 2003).

Auf der einen Seite stehen die Eltern, die sich frustriert und betrogen fühlen, wenn sie an ihrer bisherigen Lebensgestaltung Abstriche machen müssen. In ihrem Lebensrhythmus gibt es »keine Zeit«, das Kind wird ins Kinderzimmer abgeschoben und mit einem Wust von Spielsachen regelrecht abgespeist, muss sich aber völlig anpassen, sollte den Papa nicht stören, nicht lärmen, nichts schmutzig machen. In einem solchen Klima können Bewegungs- und Erkundungsbedürfnisse des Kindes sogar als bösartige Zumutung wahrgenommen und seine Kontaktbedürfnisse mit Verbannung ins Kinderzimmer geahndet werden. So wird nicht nur das Spiel selbst entwertet, sondern auch mit Bestrafung, Zurückweisung und Ausgrenzung des Kindes verknüpft.

Auf der anderen Seite stehen hoch motivierte Eltern. Verunsicherung, durch vorherige Berufstätigkeit bedingte Leistungsorientierung und Suche nach Selbstbestätigung machen junge Eltern auf besondere Weise anfällig für den »Zeitgeist« und die vielerlei Ratgeber und Smart-Baby-Programme. Sie setzen sich mit hohem Anspruch an sich selbst und ihr Kind unter Druck und wollen nichts versäumen, was ihr Kind fördern könnte. Durch Leistungsvergleich mit dem Kind von nebenan oder aus der Krabbelgruppe und durch unrealistisch überhöhte Erwartungen laufen sie Gefahr, ihr Kind zu überfordern und mit Ungeduld und Enttäuschung auf sein vielleicht langsameres Entwicklungstempo zu reagieren. Viele Eltern glauben, ihr Kind permanent stimulieren, beschäftigen, fördern, ihm etwas bieten zu müssen, damit es sich gut entwickelt. Sie wollen das Beste für ihr oft einziges Kind und verausgaben sich dabei bis zur totalen Erschöpfung. Die meist damit verbundene Vernachlässigung eigener und partnerschaftlicher Bedürfnisse führt mit der Zeit zu innerer Leere, depressiver Verstimmung und Frustration, die wiederum das Spielen mit dem Kind zu einer freudlosen Pflichtübung werden lässt.

In einem Klima von überhöhten Erwartungen an das Kind und

Überfütterung mit Spielsachen und Förderinitiativen bei gleichzeitiger Entwertung des Spiels in seiner ureigenen Bedeutung können Neugier und Eigeninitiative des Kindes nicht gedeihen. Viele betroffene Kinder finden, ähnlich wie ihre Eltern, im Spiel keine Ruhe, fühlen sich rasch gelangweilt, verlangen ständig nach neuen und immer intensiveren Reizen, ohne sich auf die zweite Ebene des Spiels mit ihren intrinsischen Belohnungen einlassen zu können. Ein eklatanter Mangel an Selbstwirksamkeitserfahrung und Erfolgserlebnissen im Spiel verstärkt Unzufriedenheit, Langeweile und Spielunlust mit einem Mangel an Ausdauer, raschem Aufgeben bei kleinen Herausforderungen und schwachem Selbstwertgefühl.

## *Zusammenfassung und Ausblick*

Beim Aufbau der kindlichen Erfahrungs- und Vorstellungswelt wirkt das Spiel als Quelle von Selbstwirksamkeitserfahrungen, als Kontext zum Entdecken, Erproben und Einüben neuer Fertigkeiten, Problemlösungen und früher Formen von Konfliktbewältigung. Das Spiel ermöglicht dem Kleinkind, angespornt durch seine intrinsischen Motivationen, zielorientiertes Handeln, Aufmerksamkeitsregulation und Ausdauer einzuüben. Zwiegespräch und Spiel wirken auch als Quelle gemeinsamer Beziehungserfahrung, indem sich Eltern und Kind – im Einklang mit den kindlichen Bedürfnissen, Vorlieben und heranreifenden Fähigkeiten – eine gemeinsame vorsymbolische und symbolische Erfahrungswelt schaffen, auf die sie zunächst vorsprachlich und bald auch sprachlich Bezug nehmen können. Eltern und Erzieher sind für die Kommunikation im gemeinsamen Spiel mit angeborenen Verhaltensbereitschaften ausgestattet, die sie in die Lage versetzen, das Baby, geleitet von den kindlichen Signalen, intuitiv und kreativ anzuregen, in seinen Initiativen und Interessen zu unterstützen und spielerisch herauszufordern.

Spiel und Kreativität in der frühen Kindheit schließen ein Entwicklungspotenzial ein, das in Frühpädagogik, Prävention und klinischer Diagnostik und Therapie noch allzu wenig genutzt wird. Dies mag darauf zurückzuführen sein, dass trotz intensiver Forschung noch zu wenig darüber bekannt ist, welche Bedeutung dem Spiel als Grundbedürfnis und elementarer Lebensform des Kindes auf Dauer für die psychische Entwicklung zukommt. Welche Rolle spielt es neben der Bindung und in Wechselbeziehung mit der Bindung? Mit welchen Auswirkungen ist zu rechnen, wenn die genuinen Motivationen und Fähigkeiten zum Spiel in ihrer Entfaltung behindert werden? Ist ein Mangel an Spielerfahrungen in der frühen Kindheit, sind dysfunktionale Abweichungen im frühen Spiel an der Entwicklungspathogenese von Verhaltensstörungen des späteren Kindesalters beteiligt? Angesichts der offenkundigen Zunahme von Sprachentwicklungsstörungen, Aufmerksamkeitsdefiziten, Lernstörungen und Hyperaktivität ist es dringlich, das gleichermaßen zunehmende frühkindliche Syndrom der *Spielunlust* mit seinen möglichen Auswirkungen auf die Entwicklung von Lernmotivation, Aufmerksamkeitsregulation, Handlungsplanung und symbolischer und sprachlicher Integration ernst zu nehmen.

Die schon im Säuglings- und Kleinkindalter verbreitete Spielunlust bietet den eigenen Erfahrungen nach einen Erfolg versprechenden Ansatz für gezielte prospektive Studien ebenso wie für geeignete präventive Maßnahmen und therapeutische Interventionen – mit dem vorrangigen Ziel, das Spiel als unersetzbare Ressource der frühkindlichen Entwicklung und der frühen Eltern-Kind-Beziehungen zu schützen und frühzeitig störenden Einflussen gegenzusteuern. Es fehlt nicht an säuglingsgerechtem Spielzeug und ausgefeilten frühpädagogischen Programmen. Was aber vor allem zu fehlen scheint, sind Zeit und Muße und ein soziales Umfeld, in dem sich Eltern und Erzieher im Spiel auf Kommunikation und Beziehung mit dem Kind einlassen und mit den Augen des Kindes die Welt von neuem entdecken können.

[1] Leicht ergänzte Version des ursprünglich unter dem Titel *Die Rolle des Spiels für die Selbstentwicklung des Kinder* erschienenen Aufsatzes. Erschienen in: Frühe Kindheit: Zeitschrift der Deutschen Liga für das Kind (2001), Jg. 4 (1) S. 39–45.

Gabriele Haug-Schnabel

# Erziehen – durch zugewandte und kompetente Begleitung zum selbsttätigen Erkennen und Handeln anleiten

## *In der Kindheit wird die Erfahrungsschatzkiste gefüllt*

Der Inhalt dieser Schatzkiste hat Konsequenzen, z. B. Einfluss darauf, wie leicht es einem Menschen gelingen wird, sein Leben nach eigenen Entwürfen gestalten und im individuellen Rahmen selbst bestimmen zu können. Die ersten Beziehungserfahrungen sind prägend. Die Ergebnisse der Bindungsforschung sind eindeutig. Vergleichbar nachhaltig ist aber auch die Erfahrung, sich immer wieder selbst aktiv zu erleben, agierend, reagierend und eben nicht vorrangig hilflos und ausgeliefert.

So komplex diese Zusammenhänge sind, so sind wir doch heute durch interdisziplinäres Nachdenken in der Lage, sie uns auf neurologischer wie auf psychologischer Ebene vorzustellen. Neurologen und Entwicklungsforscher beschreiben diesen Prozess jeweils aus ihrem Blickwinkel durchaus vergleichbar: Es ist der Weg, auf dem ein Kind lernt, »sein Gehirn auf bestimmte Weise zu benutzen, indem es dazu angehalten, ermutigt oder auch gezwungen wird, bestimmte Fähigkeiten und Fertigkeiten stärker zu entwickeln als andere, auf bestimmte Dinge stärker zu achten als auf andere, bestimmte Gefühle eher zuzulassen als andere – also sein Gehirn allmählich so zu benutzen, dass es sich damit in der Gemeinschaft, in die es hineinwächst, zurechtfindet.« (Hüther, 2002, S. 21).

Jedes Kind hat von Anfang an individuelle Erwartungen an seine Bezugspersonen. Eltern, engagiert und liebevoll zugewandt, sind die unerreichten Spezialisten, wenn es darum geht, dass ein Kind seine Umgebung und sich selbst kennen lernt. Die Kompetenzen des Säuglings tragen ihren Teil dazu bei, den Kontakt mit seinen Eltern zu erleichtern. Alles spricht dafür, dass diese Start-

Kompetenzen dazu da sind, die Erwachsenen für ihr Kind zu interessieren, sie emotional anzusprechen, sie zu rühren, sich ihrem Kind zuzuwenden und ihm als Entwicklungsmotor zur Verfügung zu stehen. Mit höchster Aufmerksamkeit verfolgt das Kind den Interaktionsverlauf:

- *Nehmen sie mich wahr?*
- *Achten sie auf meine Signale?*
- *Ist es ihnen wichtig, meine Bedürfnisse zu befriedigen?*

Das Kind sammelt Erlebnisse und wertet sie aus. Es gleicht seine Erwartungen mit dem Erlebten ab.

- *Wie ist es gelaufen?*
- *Komme ich mit meinen Erlebnissen zurecht?*
- *Habe ich es so erwartet oder mit etwas ganz anderem gerechnet?*

Je nach Ergebnis dieses Abgleichs fallen seine Erfahrungen aus.

- *Das war eine gute Erfahrung, darauf kann ich bauen.*
- *Das hat mich neugierig gemacht, da will ich mehr darüber wissen.*
- *Das war eine schlechte Erfahrung, das mache ich nicht mehr, vor derartigen Erlebnissen habe ich Angst, die werde ich meiden.*

Die Erfahrungen haben einen großen Einfluss darauf, wie das Kind sich, seine Aktionen und seine Umwelt erlebt. Sie prägen seine Emotionen.

## *Am Angebot der Erlebnisse und an den dabei gesammelten Erfahrungen haben Eltern bedeutenden Anteil*

Über diese möglich gemachten oder zugemuteten Erlebnisse und Erfahrungen gestalten sie die kindliche Lebenswelt und wirken auf alle weiteren Erwartungen des Kindes und auf seine Emotionen ein. Bezugspersonen tragen große Verantwortung. Sie gestehen Handlungsspielräume zu und sie regen an, in welche Richtung ihre Erziehung die kindliche Entwicklung beeinflussen wird.

Denn davon hängt es ab, welche Erlebnisse ein Kind auch zukünftig zulassen wird, welche es von sich aus sucht oder bewusst meidet. Erwachsene geben also auch indirekt den Erlebnisrahmen vor, den ein Kind von sich aus bereit ist, in Anspruch zu nehmen, und dieser entscheidet wiederum darüber, ob es zu neuen Erfahrungen kommen kann – zu bestärkenden, vielleicht sogar zu besseren als bisher – oder ob diese Möglichkeit aufgrund eines immer mehr eingeschränkten Handlungsspielraums immer geringer wird.

Neue Erfahrungen bewirken viel. Wenn sie überwiegend enttäuschend oder gar schlecht sind, kommt es zu keinem Aufschwung, und womöglich werden Versagens- und Ohnmachtgefühle noch verstärkt. Werden alle gesammelten Erfahrungen als höchstens mittelmäßig eingestuft, gewöhnt das Kind sich daran. Das wird der neue Standard, dem sich auch im Laufe der Zeit seine inneren Erwartungen anpassen. Das Kind rechnet künftig nicht mit mehr oder mit anderem. Wenn die Erfahrungen aber oft positiv, mitunter überwältigend sind, verlieren die Kinder ihre Ängste und werden immer offener für Neues, zuversichtlicher und selbstbewusster in ihrem Auftreten und Handeln. Ihre Erwartungen an sich selbst und an ihre Erlebnisse sind hoch.

- *Das traue ich mir jetzt zu.*
- *Ich versuche es.*
- *Ich glaube, ich kann es!*

Und schon sucht das Kind nach anderen Erlebnissen und ist bereit, seinen Handlungsspielraum erneut zu vergrößern. Es stellt fest:

- *Ich gestalte meine Umgebung mit.*
- *Ich suche mir Erlebnisse und Gesprächs-, Spielpartner.*
- *Ich bringe mich ein – ich beteilige mich.*
- *Ich nehme Einfluss und bewirke etwas.*
- *Ich bin stark.*

### *An der Befriedigung eigener Bedürfnisse beteiligt zu sein motiviert zu neuen Anstrengungen*

Ein besonders beeindruckendes Beispiel dafür, wie Erlebnisse und Erfahrungen auf die Erwartungen des Kindes wirken, bieten uns die Ergebnisse der Baby-Watcher. Mikroanalysen von Mutter-Kind-Interaktionen zeigen, dass ein Drittel aller Zwiegespräche bereits sofort optimal koordiniert ablaufen, also auf Anhieb passen. Der Sender erreicht mit seiner Botschaft den Empfänger, eigentlich Grund genug für beide Seiten, stolz zu sein und Selbstvertrauen zu haben. Die Sensation geht aber noch weiter: 70 Prozent aller nicht sofort passenden Interaktionen werden innerhalb von 2 Sekunden passend gemacht. Dass ein Drittel aller »Gespräche« zwischen Mutter und Kind sofort harmonisch koordiniert ist, beeindruckt, aber auf lange Sicht mindestens genauso bedeutungsvoll für die Erfahrung des Kindes sind die vielen schnurstracks nachgebesserten Interaktionen (Tronick, 1989). Die elterlichen Bemühungen werden den kindlichen Erwartungen gerecht. Sie zeigen dem Kind, wie wichtig es seiner Mutter und seinem Vater ist, es richtig zu verstehen. Diese Szenen signalisieren ihm aber auch, dass es durchaus über Fähigkeiten verfügt, sich klar auszudrücken, und aktiv daran beteiligt ist, seine Bedürfnisse befriedigt zu bekommen. Es ist mit Sicherheit ein gutes Gefühl, Spannungs- und Interaktionsregulation als Ergebnis eigener Bemühungen zu erleben. Das Kind wird ermutigt, sein Befinden, seine Bedürfnisse und Wünsche auch weiterhin zum Ausdruck zu bringen (Dornes, 1998).

### *Elterliche Reaktionen auf Schwäche und Unsicherheit bestimmen den weiteren Entwicklungsverlauf*

Beobachtungen und Analysen der niederländischen Forscher Plooij & Rijt-Plooij (1989) konnten diese Zusammenhänge verständlicher machen.

Eltern sind an der kindlichen Entwicklung interessiert, vor allem an Entwicklungsfortschritten. So lange die Entwicklung eines Kindes von außen betrachtet kontinuierlich verläuft, also immer mehr Können hinzu kommt, sind alle beruhigt und loben das Kind. Das Kind bekommt den steten Aufwärtstrend als Erfolg gutgeschrieben: »Du machst das gut!«

Doch dann kommt es unerwartet zu einem eindeutigen Rückfall: Das Kind verliert an Selbstständigkeit und wird scheinbar wieder abhängiger von der Mutter. Es weint jetzt viel häufiger, will immer Körperkontakt, dauernd auf den Arm genommen werden, kann sich nicht trennen, akzeptiert keinen Babysitter, schläft nicht mehr allein, isst weniger – und alle bekommen es mit der Angst zu tun.

Was ist passiert? »Das ist der ganz normale Entwicklungsverlauf«, lautet die Antwort. Niemand ist schuld. Für einige Abschnitte in den ersten drei Lebensjahren ist keine gleichmäßige Vorwärtsentwicklung zu beobachten. Der auffällig ungleichmäßige Entwicklungsverlauf kommt durch altersentsprechende Veränderungen im Gehirn zustande, das immer mehr ausreift und immer differenzierter arbeitet. Zu bestimmten Zeiten – meist im Abstand von einigen Wochen – finden fundamentale Umorganisationen im Zentralnervensystem statt. Sie haben zur Folge, dass das Kind plötzlich neue Lernformen, neue Wahrnehmungspraktiken und neue Fähigkeiten zur Verfügung hat: es versteht mehr, nimmt mehr wahr und kann einiges – wie von Zauberhand geführt – besser und geschickter als noch einige Tage zuvor.

Ein großer Entwicklungsschritt ist errungen, aber damit kann das Kind zuerst gar nichts anfangen. Die neuartigen Fähigkeiten wirken anfangs verunsichernd und befremdlich, weil plötzlich alles anders ist, als es ihm bisher vertraut war und ihm Sicherheit gab. Sehr typisch reagieren Kinder auf diesen Kuddelmuddel im Innern. Sie werden wieder »babyhaft«, sie zeigen regressives Verhalten, sie sind infektanfälliger.

Warum traut sich ein Kind plötzlich einige Aktivitäten nicht mehr zu und fordert Hilfe? In Situationen, die es eigentlich selbstständig bewältigen könnte? Warum wirkt es plötzlich so schwach und verletzlich, gar nicht mehr stark und zupackend?

Ein Schutzmechanismus schaltet sich ein, bevor zu viel Neues die innere Stabilität gefährden kann. Um den Fortschritt zu verkraften, holt das Kind Hilfe, und zwar bei den schon für Schutz bekannten Bezugspersonen. Bei seinen Eltern rückversichert sich das Kind, dass zumindest in der Beziehung zu ihnen alles beim Alten geblieben ist, auch wenn sich die Umwelt unerwartet verändert und sich vorerst noch unüberschaubar vergrößert hat. Nur mit dieser Rückendeckung, wieder ganz klein und hilflos sein zu dürfen, verkraftet es die Umstellungen.

So weit, so gut. Aber ein weiteres Element muss hinzukommen, wenn ein Kind nicht für immer an Mamas schützendem Rockzipfel hängen bleiben und nur in ihrem Arm liegen und davon träumen möchte, was es inzwischen alles bewerkstelligen könnte – wenn es nur den Mut zum Absprung hätte.

Dieses Element kommt: Es gibt Krach, und zwar einen heilsamen. Die Mutter gewährt wieder mehr Nähe, aber dann entzieht sie sich genervt, das Kind fordert sie mit Nachdruck zurück, sie willigt kurz ein, entzieht sich dann wieder, das Kind fordert nach. Dieser Interessenkonflikt ist der Motor, der das Entwicklungsgeschehen vorantreibt.

Das Kind signalisiert:

- *Ich brauch' dich, ich kann das nicht, ich will das nicht ohne dich machen.*

Die Mutter meldet:

- *Du brauchst mich nicht, du kannst das prima allein. Ich weiß das. Ich kenn' dich, du wirst sehen, dass es geht.*

Das Wunder geschieht: Es geht. Der Sprung ist getan und damit die Hürde genommen. Jetzt geht es wieder aufwärts.

Der mütterliche Widerstand – den Rückfall nicht für längere Zeit, sondern nur zum raschen Verschnaufen zu akzeptieren, dabei aber schützende Nähe und vor allem Vertrauen in die erweiterten Fähigkeiten des Kindes zu signalisieren – hat das Wunder geschehen lassen. Die schwache Phase ist überwunden, sie war aber wichtig, um den Sprung zu tun. Sie auszulassen, käme einem Erfahrungsentzug gleich. Das Kind hat gelernt: Man darf auch mal schwach sein und findet dann Rückhalt und Hilfe beim neuen Anlauf.

## *Erziehung sollte einem Kind Orientierung und Spielraum geben, damit es lernt, sich zu entscheiden und fähig wird zu handeln*

Jedes Kind begibt sich von selbst auf die Suche nach Verhaltensmodellen, nach Einflussmöglichkeiten und nach seinem alterstypischen Handlungsspielraum (Haug-Schnabel, 2002).

Hierher gehören absichtlich aggressive Vorstöße als wichtiger Teil des sozialen Lernens. Ein Kind muss einiges in Bewegung setzen, damit es mit seiner Umgebung die Erfahrungen sammeln kann, die es braucht, um die Reaktionen der anderen vorhersehen zu können. Nur dann kann es die Auswirkungen seines Handelns für sich selbst berechnen. Es nimmt am sozialen Leben teil, indem es die hier geltenden Normen abfragt. So gelingt ihm die Einmischung. Wenn es sich zeitweilig aufdringlich und provokant verhält, erhöht dieses Verhalten die Chancen auf eine schnelle und eindeutige Antwort. Die braucht es, um die Verhältnisse klar zu sehen und wieder zur Ruhe zu kommen.

Nicht nur seine Umgebung, auch seine Beziehungen gestaltet ein Kind nach Möglichkeit aktiv, um wohltuende Grenzen um einen Freiraum herum zu erfahren. Rangordnungskämpfe und Besitzkonflikte versteht man eher, wenn man sie als Grenzsuche, Machtprobe und Beziehungsprüfung sieht. Von Erwachsenen in die erweiterte Sozialgruppe eingeführt, vollbringen Kinder von sich aus Koordinations- und Synchronisationsleistungen von höchster Perfektion, die von ihnen das gesamte Spektrum der Verhaltensweisen eines Gruppenmitglieds abverlangen, von klug geschmiedeten Allianzen bis zu beabsichtigten Zwischenfällen, von Nachgeben, besserem Argumentieren, Suchen nach Alternativen, Kompromisse finden bis Überzeugen und Siegen (Haug-Schnabel, 2001).

Ein Kind muss aktiv werden, um auf diesem Weg zu erfahren, dass es an den Ereignissen seiner Umgebung beteiligt ist und durchaus in der Lage, auf ihren Ablauf Einfluss zu nehmen. Ohne penetrantes Nachfragen, nervige Wiederholung, erneutes Provozieren, massive Grenzverletzungen und anmaßende Vorstöße mit all ihren Konsequenzen bliebe einem Kind ein wertvoller Erfahrungsschatz unerreichbar und damit nicht nutzbar.

Bleibt man dem »fragenden« Kind die Antwort schuldig, weil man ihm Enttäuschungen oder sich selbst die Auseinandersetzung ersparen will, weil man lieber einem Konflikt ausweichen möchte, dann kehrt keine Ruhe ein. Im Gegenteil, es kommt zu verschärften Provokationen. Das Kind wird unausstehlich, denn es braucht die Antwort: entweder ein freiraumschaffendes *Ja* oder ein eindeutig bremsendes *Nein*, mit dem von jetzt an immer an dieser Stelle zu rechnen ist.

Nur mit konsequenten, aber auch einsichtigen Grenzsetzungen schafft man die so wichtigen klärenden Verhältnisse, die ein Kind immer wieder handlungsfähig werden lassen.

## *Enttäuschungen vermeiden, keine Langeweile aufkommen lassen und alles, was »schwierig aussieht«, abnehmen verhindert Kreativität*

Fachkräfte in Tageseinrichtungen beklagen sich über die zunehmende Spielmüdigkeit der Kinder. Sie haben Kinder in der Gruppe, die vorhandene Spielangebote nicht aufgreifen, sich nicht beschäftigen können, ziellos umherlaufen und dabei andere Spielgruppen stören.

Beobachtungen zeigen, dass es vielen Kindern schwer fällt, ins Spiel hinein zu finden. Die Such- und Orientierungsphase ist bei ihnen überdurchschnittlich lang. Unschlüssigkeit zeigt sich in ihren Bewegungen und ihren kurz mal hier, kurz mal da angefangenen und dann sofort wieder abgebrochenen Handlungen. Ihre Mienen melden Unlust, wenn nicht sogar Resignation. Es scheint nichts angeboten zu werden, was sie anspricht. Auch die »Pragmatiker« fallen auf. Sie spielen mit dem, was griffbereit im Regal liegt oder sofort verfügbar ist, worauf man nicht warten oder sich über die Reihenfolge der Benutzung absprechen muss. Sie entscheiden sich schnell, offensichtlich ohne viel nachzudenken; ganz sicher ohne zu überlegen, nach was ihnen der Sinn steht und worauf sie Lust hätten. Mehr Aufwand scheint ihnen nicht lohnend. Diese Entscheidung erspart es ihnen, mit anderen Kontakt aufzunehmen, sich mit den Wünschen anderer auseinander zu setzen oder gar für eine eigene Spielidee zu kämpfen. Dass diese Spiele relativ kurz sind, verwundert nicht, auch nicht, dass die Kinder ganz selten sich ganz in ein Spiel versenken. Unter den Kindern mit Spielschwierigkeiten ist mit Sicherheit die Gruppe derer am größten, die sich zwar schnell für ein Spiel begeistern können, aber sich ebenso schnell davon abwenden, sobald ein anderes Angebot auftaucht. Und wenn kein neues Angebot auftaucht? »Bin fertig, was soll ich jetzt machen?« Wenn man die Spielbegeisterung dieser Spezialisten erhalten will, muss man zum Animateur werden. Denn sobald der Erlebnisstrom ausbleibt, ist Stimmungsflaute (Haug-Schnabel; Schmid-Steinbrunner, 2000).

Für diese Kinder ist Langeweile eine Katastrophe und kein vertrautes Gefühl, das schließlich zu genussvollem Spiel überleitet. Im Gegenteil, es ist ein vom Kind abgelehnter Zustand, der Angst macht oder wütend und nie bis zum guten Ende durchlebt, sondern normalerweise immer schnell durch neue Angebote »weggemacht« wird.

Heute wissen wir, dass Langeweile gerade von den Kindern besonders schwer ausgehalten wird, die gewohnt sind, dass ihre Zeit fremdbestimmt und der Aktivitätenablauf lückenlos vorgegeben ist. Ihre eigenen kreativen Impulse wurden schon in frühen Jahren nicht genügend wertgeschätzt und sind im Laufe der Zeit immer seltener geworden. Besonders betroffen sind »gemanagte« Kinder unter Zeitdruck und festen Beschäftigungsvorgaben. Entwicklungsforscher warnen davor, Kinder mit dauernden Aktivitäten wie Reiten, Musik- oder Ballettunterricht auf Trab zu halten. Damit geht ihnen die Chance verloren, Raum für eigene Kreativität zu entfalten. Wenn sie nur auf Unterhaltung durch andere angewiesen sind, bleiben ihre eigenen Ideen auf der Strecke. Der Trend, die Freizeit der Kinder zu verplanen, macht sich vor allem in finanziell besser gestellten Familien mit berufstätigen Eltern bemerkbar. Doch was da wohlmeinend den Kindern in ihrer Entwicklung auf die Sprünge helfen und sie »wettbewerbsfähiger« machen soll, ist eher ein Hemmnis, verbunden mit Risiken wie Stress, Nervosität und vor allem mit dem Verlust von Fantasie. Denn wer nie erfahren hat, dass Langeweile kreatives Luftholen bedeutet und wie sie mittels eigener Vorstellungen in den Griff zu bekommen ist, fällt allzu schnell in ein Loch, wenn nicht sofort wieder eine neue Aktion ansteht. Allein das Wissen um die Möglichkeit, Langeweile jederzeit mit Fernsehen zu unterdrücken, lässt ans Fernsehen gewöhnte Kinder gar nicht weiter an alternative Beschäftigungsmöglichkeiten denken. Besonders in der frühen Kindheit brauchen Kinder eine Umgebung, in der verbale und emotionale Interaktion möglich ist. Fernsehen als Ersatz für lebendigen Austausch blockiert selbst erworbene Erfahrungen und schafft Passivität (Belton, 2001).

Der Soziologe Martin Doehlemann (2000) spricht von der »Vermehrung der Langeweile durch ihre unaufhörliche Bekämpfung«. Langeweile hat die Selbstentdeckung des Subjekts zur Voraussetzung. Erst die Selbstentdeckung lässt Ansprüche an eigene Aktivitäten entstehen und sucht in Handlungen nach Sinn und Unverwechselbarkeit. Ein sich selbst bewusstes Kind möchte Kompetenzen und Möglichkeiten haben, selbst etwas versuchen und eigene Ideen in Taten umsetzen. Langeweile kommt besonders bei eingeschränkten oder gehemmten Kompetenzgefühlen auf, bei Kindern, die unter dem Druck stehen, immer Leistung erbringen zu müssen, und zwar »von außen« definiert, was Leistung ist oder wie ein richtiges Spiel aussieht. »Spiel' doch etwas Richtiges! Was soll das, was wird das denn?« So kann keine Kreativität aufkommen und Befriedigung darüber erlebt werden. Lösungen aus der Langeweile heraus werden nur noch von außen erwartet, und ruhelose Passivität kommt auf.

### *Im Erziehungsalltag sind unzählige Ansatzstellen für anerzogene Untätigkeit und negative Verwöhnung zu finden*

Erziehung zur Untätigkeit formt Kinder und Jugendliche, die kraftlos wirken, ängstlich vor allem Neuen, leistungsschwach und unmotiviert, oft auch ohne eigene Meinung sind. Zum Wegräumen jeder Hürde brauchen sie Hilfe oder umgehen sie: nur ja keine Durststrecke und kein Verzicht, denn das würde als persönlicher Angriff verstanden und mit Aggression beantwortet. Sieht etwas nicht nach reinem Vergnügen aus, lassen sie die Finger davon, weil sie den Genuss eines Erfolgs nach einer Anstrengung nicht kennen.

Viele Kinder reagieren mit Passivität bis Rückzug auf zu wenige eigene Erlebnisse. Wenn sie Bilanz ziehen, so sehen sie zu wenige selbst erarbeitete Erfolge und zu wenige aus eigener Kraft wieder ausgeglichene Misserfolge. Sie spüren zu wenig Einflussnahme auf ihr eigenes Leben. Sie haben gelernt, dass Rettung »von außen« kommen muss, und leiden unter Versagensängsten.

Andere laufen Gefahr, im Konsum einen vermeintlichen Ausweg aus diesem Dilemma zu suchen. Sie machen sich notgedrungen, da ihnen der Originalweg versperrt ist, an einen schnellen Ersatzlustgewinn ohne vorangegangene eigene Idee oder genussvolles Hinarbeiten. Alles, was es mit wenig Anstrengung, dafür aber mit Geld zu konsumieren gibt, lassen sie sich angedeihen, um sich für eine kleine Weile besser zu fühlen. Da der Wert dieser Art von Belohnung immer mehr sinkt, immer mehr nachgeliefert werden muss, bleiben sie enttäuscht und unbefriedigt zurück.

Wir halten Jugendliche für wenig belastbar. Dieser Vorwurf trifft die Falschen. Wie oft wird den Kindern etwas abgenommen, damit es schneller geht, besser wird, das Ziel erreicht wird, das die Erwachsenen ausgesucht haben. Jedes Mal wird ein Kind entmutigt. »Will allein«, »ich selber machen« gehören zu den ersten Sätzen beim Sprechenlernen. Aber das Aufbegehren wird im Laufe der Kindheitsjahre immer seltener. Wird Erfolg ohne Vorleistung erfahrbar, wird Passivität belohnt. Wichtige Auseinandersetzungen werden vermieden, und Anspruchsdenken wird gefördert. Viele Jugendliche sehen tatsächlich Anstrengung und Ausdauer nicht mehr als Voraussetzung von Erfolg – nur bleibt die daraus resultierende Zufriedenheit aus, ebenso Freude, Stolz und Zuversicht in eigenes Handeln. Der Pädagoge Albert Wunsch (1998) hat diesen Zusammenhang dargestellt und aufgezeigt, dass es bei diesem Erziehungsstil um elterliche Vorteile und nicht um das Wohl des Kindes geht.

Ein Beispiel soll die Erziehung zur Passivität verdeutlichen:

*Bei einem Bastelnachmittag für Eltern mit Kindern ist auch Paul (5 Jahre) mit seiner Mutter. »Er hatte nicht viel Lust, aber ich denke ein bisschen Basteln schadet auch einem Jungen nicht«, erzählt die Mutter. Die Bastelidee, ein Traumfresservogel, wird vorgestellt, Mutter und Sohn besprechen sich. Paul hat sofort eine Idee, doch die Mutter hält sie für zu schwierig. »Das schaffen wir zwei nie«, meint sie, »wir wollen auch irgendwann mal wieder nach Hause.« Paul beginnt zu schneiden, die Mutter schneidet nach und weist ihn auf zwei Stellen hin, an denen er zu viel abgeschnitten hat. »Zweimal abgeschnitten und immer noch zu kurz«, meint sie lachend. Als es ans Zusammenlegen und Kleben geht, hat Paul Schwierigkeiten, aber seine roten Wangen und munteren Augen zeigen, dass er mit Eifer bei der Sache ist. »Ich helfe dir«, sagt die Mutter, zieht das gesamte Bastelwerk zu sich und fängt an zu arbeiten. »So, jetzt geht es doch besser und schneller«, meint sie. Paul schaut noch kurz zu, wandert zwischen den Bastelnden herum und verschwindet schließlich mit anderen Kindern, die schon fertig sind, im Freien. Am Ende der Veranstaltung hat er keine Lust mehr,* seinen *inzwi-*

*schen fertigen Vogel zu betrachten. »Ich habe es gewusst, Basteln ist eben nichts für unseren Paul«, sagt die Mutter.*

Die Mutter hat Paul Gutes tun und ihm die Mühe der Bastelarbeit ersparen wollen. Vielleicht wollte sie aber auch ein Ergebnis vorweisen, das ihren Erwartungen – und, wie sie glaubt, denen von Paul – eher entsprochen hätte als ein von Paul eigenhändig hergestelltes Werk.

Aber so, wie es jetzt abgelaufen ist, wären beide besser zu Hause geblieben. Denn die Mutter hat Paul keine Chance gegeben, selbst etwas Eigenes zu schaffen. Das ist bedauerlich, wenn es sich um einen Einzelfall handelt. Aber wenn es regelmäßig nach identischem Muster abläuft, kann es einen höchst gefährlichen Lernprozess einleiten.

## *Echte Zuwendung ist wohlwollend, ermutigt, spornt an und lässt nach den eigenen Ressourcen suchen*

Einem Kind alles abzunehmen, um ihm alles leicht machen zu wollen, ist nur auf den ersten Blick eine liebevolle Zuwendung. »Das nehme ich dir ab« kann ein recht harmloser Satz sein, der eine kleine Hilfestellung zwischen zwei Partnern beschreibt. »Ich habe gerade mehr Zeit, und du bist unter Druck.« So verstanden, ist nichts gegen diesen Satz einzuwenden.

»Das nehme ich dir ab.« Hinter diesem Satz kann sich aber auch etwas ganz anderes verbergen. Er kann die getarnte Form der Entmündigung sein – vor allem wenn ein »starker« Mensch ihn zu einem »schwachen« Menschen sagt.

Alters- und situationsgemäße Zuwendung ist etwas ganz anderes. Zuwendung lassen Eltern ihren Kindern angedeihen, abgestimmt auf deren Entwicklungsstand, deren Erwartungen, Möglichkeiten und Grenzen. Dies zu unterscheiden ist wichtig. Denn bei der Episode mit Paul dominiert die Vorstellung, dass die Aufgabe für das Kind zu schwer und nicht mit Aussicht auf »Erfolg« zu bewältigen ist. Die Mutter scheut den Konflikt; es scheint ihr zu belastend, das Kind auf seinem Weg zu seinem Ergebnis zu begleiten.

Und das bedeutet für Paul:
- dass man ihm seine Aufgabe abnimmt, nein: wegnimmt,
- dass man ihn dadurch auch seiner Einflussmöglichkeiten beraubt und ihm seine eigene Art von Ergebnis vorenthält (»Wie hätte mein Traumfresservogel wohl ausgesehen?«),
- dass man dem Kind die Chance nimmt, selbst nach einer Lösung zu suchen, nach seinem Weg, diese Hürde (falls es überhaupt eine für Paul war) zu meistern
  – z. B. mit seinem Vogel zufrieden zu sein und ihn gut zu finden,
  – z. B. mit der kleinen Freundin zusammen einen großen Vogel zu bauen,
  – sich notfalls an einer schwierigen Stelle Hilfe zu holen und dann gleich wieder selbst weiter machen zu können,
  – oder die Idee zu haben, dass der eine schneidet und der andere klebt – jeder das, was er besser kann.

Wer Kindern alles abnimmt, beraubt sie einer Herausforderung und somit großer Gefühle, die kompetent machen und stark aus Situationen, auch solchen, die einem nicht liegen, hervorgehen lassen.

Das Kind soll lernen:
- Ich habe es durchgestanden;
- ich habe es geschafft;
- ich finde es gut, wie es geworden ist;
- ich glaube, es geht noch besser, vielleicht versuche ich es (irgendwann) noch einmal;
- ich habe es nicht hinbekommen, aber ich habe es versucht;
- ich weiß, das kann ich nicht, aber beim nächsten Mal hole ich mir Hilfe oder mache etwas anderes.

Wie Erwachsene die Erlebnisse von Kindern gestalten und welche Erfahrungen sie ihnen ermöglichen, beeinflusst die kindliche Erwartung bezüglich künftiger Erlebnisse und der sie begleitenden Emotionen.

Selbst in misslichen Situationen handlungsfähig zu bleiben ist ein Zeichen von Stärke und gleichzeitig der Beweis einer gelungenen Erziehung.

Rainer Patzlaff

# Sprache als künstlerisches Medium der Erziehung

Tag und Nacht atmen wir die Luft, die uns umgibt. Niemand schenkt ihr im Alltag besondere Beachtung, solange sie zur Verfügung steht. Erst wenn sie verschmutzt ist oder auszugehen droht, wird uns ihr unersetzlicher Wert bewusst. So auch bei der Sprache: Seit Urzeiten bildet sie das grundlegende Medium aller menschlichen Beziehungen, keine Kultur, keine Wissenschaft wäre denkbar ohne sie, aber ihre Unersetzlichkeit trat kaum ins Bewusstsein, weil sie ja immer vorhanden war und den Menschen von der Wiege bis zur Bahre begleitete. Es bedurfte erst der Sprachkrise unserer Tage, um auf die fundamentale Bedeutung des gesprochenen Wortes für die körperliche, seelische und geistige Entwicklung des Menschen aufmerksam zu werden. Die Wissenschaft beginnt, die therapeutischen und pädagogischen Dimensionen des einst so selbstverständlichen Mediums Sprache zu entdecken. So zeigt sich uns die gegenwärtige Situation wie ein Januskopf: Auf der einen Seite stehen wir vor einer niederschmetternden Pathologie der Sprache, auf der anderen Seite vor einer Fülle begeisternder Entdeckungen über ihre verborgenen Kräfte. Von beidem möchte ich hier berichten. (Zu den folgenden Abschnitten vgl. Patzlaff, 2000, S. 95 ff.)

## *Die Sprachkatastrophe unserer Zeit*

Erklärtes Ziel führender Industrienationen ist es, sich zu einer Informationsgesellschaft zu entwickeln. Aber gerade in diesen Staaten stellte sich schon in den achtziger Jahren des 20. Jahrhunderts heraus, dass immer größere Kreise der Bevölkerung die Fähigkeit verlieren, schriftliche Informationen überhaupt noch aufzunehmen, geschweige denn zu verstehen und mit ihnen umzugehen. »Funktionale Analphabeten« nennt man diese Menschen, die Lesen und Schreiben trotz absolvierter Schulpflicht nicht gelernt oder wieder verlernt haben. Ihren Anteil an der Gesamtbevölkerung der USA schätzte eine Regierungskommission 1984 auf 10 Prozent bzw. 23 Millionen Menschen. Zehn Jahre später bezifferte der kalifornische Literaturwissenschaftler Barry Sanders den Anteil bereits auf 28 Prozent: »Fast 70 Millionen Amerikaner«, so konstatierte er, »sind nicht in der Lage, die aufgedruckte Warnung auf dem Etikett einer Arzneiflasche zu entziffern oder sich durch einen Zeitungsartikel hindurchzufinden. Die Mehrheit von ihnen sind nicht Schwarze oder Mexikaner oder Zugewanderte. Es sind im Lande geborene Weiße.« (Sanders, 1995, S. 173).

Was für die USA galt, stellte sich sehr bald auch für andere Länder heraus: Studien der OECD – also derselben Organisation, die jüngst mit der PISA-Studie Aufsehen erregte – belegten 1995, dass in den reichsten Ländern der Erde oft mehr als 20 Prozent der Erwachsenen nur über dürftigste Schreib- und Rechenfähigkeiten verfügen. Wer sich in der Hoffnung wiegte, dass Deutschland davon nicht betroffen sei, wurde 2002 durch PISA eines Besseren belehrt. Auch die Prognose von Barry Sanders, dass der Sprachverlust zwangsläufig zu einer neuen Sprache führen müsse, nämlich zur Sprache der Gewalt, hat sich auf zum Teil schreckliche Weise bestätigt.

Aber damit nicht genug: Das Problem der abnehmenden Lese- und Schreibfähigkeit war noch kaum ins Bewusstsein der Öffentlichkeit gedrungen, da zeigte sich schon eine weitere, bis dahin unvorstellbare Rückentwicklung menschlicher Kulturfähigkeiten: Nicht nur die Beherrschung der Schriftsprache geht weiten Kreisen der Bevölkerung verloren, sondern allmählich auch der Umgang mit dem gesprochenen Wort. So unglaublich es klingt – Sprache verstummt!

## *»Sprich mit mir!«*

Fachleute schätzen heute, dass Vorschulkinder in durchschnittlichen Familien pro Tag nur noch 10 bis 12 Minuten zusammenhängende Originalsprache hören. Schon 1996 meldete die Presse, dass an 360 englischen Schulen Notprogramme eingerichtet werden mussten, »mit denen Schulanfänger lernen, wie sie Leute begrüßen oder nach dem Weg fragen können«. Ähnliches wird aus anderen Ländern berichtet, auch aus Deutschland, wo es z. B. die Barmer Ersatzkasse 1997 für nötig befand, unter dem Titel *Sprich mit mir!* ein Buch herauszubringen, das nur den einen Zweck verfolgt, Eltern dazu anzuhalten, mit ihren kleinen Kindern zu sprechen; und da viele Eltern nicht wissen, was sie sprechen oder spielen könnten, erhalten sie auf mehr als 100 Seiten Tipps und Anregungen.

Zwanzig Jahre zuvor hätte man ein solches Buch für einen üblen Witz gehalten. Jetzt ist es bitterer Ernst geworden, denn längst hat sich gezeigt, dass annähernd jedes vierte Kind im Kindergartenalter sprachentwicklungsgestört ist, unabhängig von der sozialen Schicht oder vom Bildungsniveau; Kinder von Akademikern sind genauso betroffen wie Kinder von Hilfsarbeitern. Erst kürzlich musste der Berliner Senat bei einer Sprachstandserhebung an 10 000 Erstklässlern des Jahrgangs 2002 die alarmierende Feststellung machen, dass jedes dritte Kind unfähig war, korrekte Sätze zu bilden oder Aufforderungen wie »Leg' bitte dein Buch auf den Tisch« vollständig zu verstehen. Es gab zwar einen hohen Anteil an Ausländerkindern, aber auch 13 Prozent der deutschen Vorschüler beherrschten ihre Muttersprache mangelhaft. Das Stuttgarter Gesundheitsamt meldete 2002, dass 10 Prozent der Erstklässler auf Förderkurse angewiesen seien. In Nordrhein-Westfalen wurde festgestellt, »dass unter Schulanfängern bei 18 Prozent der Jungen und bei 12 Prozent der Mädchen das Sprachvermögen nicht altersgemäß entwickelt ist«, zusammen also bei 30 Prozent aller Schulanfänger (laut Stuttgarter Zeitung vom 7. 11. 2002). Die Kette solcher Hiobsbotschaften reißt seit den neunziger Jahren nicht mehr ab.

Indes ist mit der Feststellung von Sprachentwicklungsstörungen nur die Oberfläche des Problems berührt. Untersuchungen von Pädiatern ergaben, dass die meisten der untersuchten Kinder, die Rückstände in ihrer Sprachentwicklung zeigten, zugleich auch mit erheblichen Defiziten im sensorischen und im motorischen Bereich belastet waren, was sich äußerst problematisch auf den Schulerfolg auswirkte. Zwischen der Bewegungs- und Sinnesentwicklung des Kindes und seiner sprachlichen Entwicklung gibt es nämlich äußerst komplexe Zusammenhänge, deren Umrisse sich erst durch neueste Forschungsergebnisse abzuzeichnen beginnen. Mit anderen Worten: Sprachentwicklungsstörungen sind kein isoliertes Phänomen, sondern deuten auf tief greifende Störungen der gesamten Entwicklung im Kindesalter. Es geht um ein viel umfassenderes Problem als nur um die Unfähigkeit, Worte richtig auszusprechen oder Sätze korrekt zu bilden.

## *Muskelbeherrschung statt Nachrichtenübermittlung*

So katastrophal die dargestellte Entwicklung auch ist – überraschen kann sie eigentlich nur den, der noch immer das mechanistische Bild von Sprache in sich trägt, demzufolge Sprache nichts anderes sei als ein Mittel zum Transport von Informationen. Die Herkunft dieses Modells aus dem technikbegeisterten 19. Jahrhundert, das sich an der Erfindung des Telegrafen, des Grammofons und vieler anderer Medien berauschte, verrät sich nur zu deutlich, wenn in der einschlägigen Terminologie Sprecher und Hörer stets als »Sender« und »Empfänger« bezeichnet werden und der Sprechvorgang konsequent auf die Erzeugung von Schallwellen reduziert wird. Die menschliche Stimme, so heißt es da, präge den Schallwellen durch bestimmte Klangmodulationen in kodierter Form Nachrichten auf, die zum Empfänger gelangen und von ihm wieder dechiffriert werden müssen, um verstanden zu werden – nicht anders als beim Morsetelegrafen, der Botschaften in verschlüsselter Form von A nach B sendet.

Dieses Modell ist noch immer weit verbreitet, erfasst jedoch, wie die Forschung heute weiß, nur einen kleinen Teil dessen, was bei der sprachlichen Kommunikation zwischen Menschen tatsächlich geschieht (Fachleute sprechen von 10 Prozent, während 90 Prozent des Gesprächsvorgangs nonverbaler Natur seien). Vor allem aber verstellt es den Blick auf die fundamentalen, tief in die Leiblichkeit des Kindes eingreifenden physiologischen und sensomotorischen Prozesse, die mit dem Spracherwerb in den ersten Lebensjahren verbunden sind. Ein Kind, das sprechen lernt, bemüht sich nicht um Nachrichtenübermittlung, sondern um *Muskelbeherrschung*, um eine ausgefeilte, höchst differenzierte *Bewegungsfähigkeit*. Denn nur so kann aus dem ungeformten Babygeschrei verständliche Sprache werden. Der Erwachsene macht sich in der Regel gar nicht klar, welch komplexe Aufgaben das Kind zu bewältigen hat, bis es endlich seine Stimmführung so in die Gewalt bekommt, dass konturierte, flüssig ineinander übergehende Einzellaute entstehen. Monatelanges Training ist dazu notwendig, und dem widmet sich das Kind mit bewundernswerter Energie und Ausdauer.

## *Sprache als Bewegungskunst*

Worum aber geht es bei diesem Training? Zum Sprechen genügt es nicht, dass die nach oben gepresste Luft durch den Kehlkopf einen bestimmten, modulierbaren Klang erhält – das würde nur zu einem wortlosen Singen oder Summen reichen. Vielmehr muss der klingend gewordene Luftstrom anschließend geformt und gestaltet werden, indem er vom Rachen bis zu den Lippen durch einen Hohlraum hindurchgezwängt wird, dessen Form und Volumen sich mithilfe von Rachen- und Gaumenmuskulatur, Gaumensegel und Zunge, Zähne und Lippen in Sekundenbruchteilen verändern lässt. Wie ein künstlich geschaffenes Flussbett zwingt die variable Hohlraumplastik dem klingenden Ausatmungsstrom bei jedem Laut einen ganz speziellen *Strömungsduktus* auf, und dieser spezielle Strömungsduktus wird außerhalb des Körpers als spezielle, unverwechselbare *Lautgestalt* wahrnehmbar. Plastische Raumform im Innern wird hörbare Klangform im Äußeren.

Aber Sprache besteht nicht nur aus Einzellauten: Die Einzellaute verbinden sich zu Wörtern, die Wörter zu Sätzen, und um das beim Sprechen zu leisten, muss sich die jeweilige Strömungsform blitzschnell in jede andere Strömungsform verwandeln lassen, geschmeidig fließend, sodass sich ganze Formserien zu einer Einheit zusammenschließen – ein staunenswerter Vorgang, der die Forschung noch vor manches Rätsel stellt. Variationen durch Unterschiede in Druck und Dynamik der Atemführung, in Klangfarbe und Tonhöhe kommen komplizierend hinzu.

Überblicken wir den gesamten Vorgang, so treffen wir auf über 100 Muskeln, die vom Zwerchfell bis zu den Lippen tätig sein müssen, um auch nur einen einzigen Laut hervorzubringen. Sie alle sollen vom Kind mit höchster Präzision und Geschwindigkeit gesteuert und koordiniert werden, eine Fähigkeit, die sich nicht auf Grund genetischer Bedingungen einstellt, sondern, angeregt durch den Erwachsenen, mit größter Willensanstrengung errungen werden muss. Erst vor diesem Hintergrund können wir ermessen, welch gewaltige, mit dem Verstand gar nicht zu erfassende Leistung das Kind erbringt, wenn es sprechen lernt. Nie wieder im Leben erringt der Mensch eine Bewegungsfähigkeit von so hoher Komplexität, selbst wenn er von Beruf Artist wird.

## *Strömende Plastiken vor den Lippen*

Der Formungsprozess des Atems, der im vorigen Abschnitt beschrieben wurde, ist die Grundlage für jedes Sprechen, gleichgültig welche Sprache erlernt wird. Er geschieht jedoch – und das ist bisher kaum bekannt – nicht nur im Körperinnern, sondern setzt sich auch ein Stück weit in die Außenluft fort. Diese Entdeckung geht auf Rudolf Steiner zurück, der nicht nur der Begründer der Anthroposophie und der Waldorfpädagogik war, sondern auch der Initiator einer neuen Bewegungskunst, der Eurythmie. In seinem Einführungskurs »Eurythmie als sichtbare Sprache« (Vortrag vom 24. 6. 1924) wies er darauf hin, dass wir mit jedem Laut, den wir sprechen, eine bestimmte Form in die Luft hinein gestalten, die zwar nicht wahrgenommen werde (weil Luft in Luft unsichtbar bleibt), die aber mit technischen Hilfsmitteln sicherlich aufzudecken sei. 38 Jahre später griff die Laienforscherin Johanna Zinke in Dresden die Anregung auf, entwickelte ein praktikables Visualisierungsverfahren und konnte mit Tausenden von Fotos und Filmaufnahmen die von Steiner angegebenen Formen belegen (Zinke, 2001). Überraschend war daran nicht so sehr, dass es sie wirklich gibt, nachweisbar mit verschiedenen Mitteln wie Rauch, Kältekondensation, Schlierenoptik und Interferometer, sondern dass jeder Laut eine individuelle Bewegungsgestalt zeigt, die so charakteristisch ist, dass man die entstehenden Formen bei einiger Übung wie die Buchstaben einer Schrift »lesen« kann (Patzlaff, 2001). Filmaufnahmen neuerer Forscher bestätigen diese Ergebnisse.

Was wir gewöhnlich nur als Klangereignis für die Ohren kennen, tritt hier als sichtbare Gestalt hervor, die sich vor den Lippen entfaltet, ihren Höhepunkt erreicht und dann langsam zerrinnt, während die Schallwellen schon längst verklungen sind. *Luftlautformen* (so Zinkes Terminus) sind kein Produkt der Schallwellen, sondern verdanken ihre Herkunft der oben beschriebenen muskelplastischen Tätigkeit, durch die der Ausatmungsstrom sein Gepräge erhält. Dieselbe Kraft, die zuvor gestaltgebend im Körperinnern wirkte, manifestiert sich jetzt gestaltgebend in der äußeren Luft, nicht mehr als konkave Hohlplastik, sondern als konvexe Vollplastik, die sich deutlich von der Umgebungsluft abgrenzt. So werden wir mit jedem Wort, das wir sprechen, zum bildenden Künstler, der in die Luft hinein eine Fülle plastischer Formen schafft.

Wichtig ist ferner Zinkes Entdeckung, dass die Luftform jedes Lautes zwar ihre eigene, unverwechselbare Gestalt und Dynamik zeigt, zugleich aber unendlich variationsfähig ist, je nach Sprechweise und Sprecher. So wie ein A, das verschieden gefärbt gesprochen wird, dennoch als A erkennbar bleibt, so zeigen auch die Luftlautformen stets eine charakteristische Grundform, sind aber sowohl beim einzelnen Individuum wie auch von Person zu Person modifizierbar, je nach der Art, wie die Formgebungsprozesse im Sprechkanal ablaufen. Ob ein Mensch verwaschen spricht oder deutlich, die Worte energisch artikuliert oder zaghaft, eine kräftige Konstitution hat oder eine schwache – all das spiegelt sich in der jeweiligen Ausprägung der Luftform. Mit anderen Worten: Die Luftlautformen sind keine stereotypen Lettern, sondern eine »Handschrift«, die für jeden lesbar ist und doch ganz individuell.

## *Sprache formt das Gehirn*

Wenn man die Gesamtheit der von Zinke dokumentierten Luftgestaltungen studiert, tritt einem eine reiche Formenvielfalt unterschiedlichster Bewegungsgebärden entgegen, die eindrücklich vor Augen führen, dass Sprache noch etwas ganz anderes ist als das, wofür Physik und Linguistik sie lange Zeit gehalten haben. Sie besteht nicht nur aus Schallwellen, die auch ein mechanischer Lautsprecher erzeugen könnte. Jedem gesprochenen Laut liegt ein *formenschaffender Prozess* zugrunde, eine *plastische Bildekraft*, von deren Komplexität wir uns meist keine Vorstellung machen. Noch weniger aber ist uns bewusst, was dieser Kosmos formenschaffender Prozesse beim kleinen Kind bewirkt: Indem das Kind um die plastischen Formkräfte ringt, die aus dem amorphen Ausatmungsstrom artikulierte Sprache werden lassen, formt es nicht nur Luft, sondern formt zugleich auch sein Gehirn. Denn die enormen sensorischen und motorischen Leistungen, die zum Spracherwerb vonnöten sind, schaffen im Gehirn des Kindes eine Fülle neuer Strukturen und Bahnungen, ein immer feiner und dichter geknüpftes Netz von Nervenverbindungen, und festigen damit entscheidend das Fundament für spätere kognitive und intellektuelle Leistungen.

Welch eine Weisheit muss in einer Bewegungskunst verborgen sein, die durch das Plastizieren der Luft zugleich das Gehirn plastiziert und zur Reifung bringt! Und wie viel Verantwortung trägt der

Erwachsene, von dessen sprachlichem Verhalten es abhängt, ob das Kind die Möglichkeit erhält oder auch nicht erhält, sein Gehirn zu einem geeigneten Instrument für die freie Betätigung seines Geistes auszubilden!

## *Sprache gestaltet das Blut*

Die Gestaltung des Gehirns ist indessen nicht die einzige Wirkung, die Sprache auf den sich entwickelnden Körper des Kindes ausübt. Der Stuttgarter Arzt Armin Husemann konnte die formende Kraft der Laute auch im venösen Blut des Menschen nachweisen, das immerhin 80 Prozent unseres gesamten Blutvolumens ausmacht: Wenn man beispielsweise an der großen Beinvene in der Leistengegend ein Doppler-Ultraschall-Gerät ansetzt und den Probanden bittet, einzelne Laute zu sprechen, dann zeigt sich durch die farbliche Codierung der jeweiligen Strömungsrichtung auf dem Bildschirm, dass der vor und nach dem Sprechen gleichmäßig zum Herzen strömende Blutfluss unter dem Einfluss des gesprochenen Lautes teilweise anhält oder sogar rückwärts fließt. Offenkundig setzen die sprachlichen Laute dem venösen Blutstrom einen Widerstand entgegen. Husemann schreibt dazu: »Die Laute der Sprache sind verschiedenartig differenzierte Stauungen der Atmung, was besonders bei den Stoßlauten auffällt. Die Stoßlaute, aber auch andere Konsonanten und sogar die Vokale, stauen deshalb den venösen Blutstrom, formen die venöse Strömung. Mit der Doppler-Ultraschall-Untersuchung der großen Beinvenen kann man hörbar und in einer farblichen Codierung sichtbar machen, wie jeder Laut spezifisch gestaltend in den venösen Blutstrom eingreift.« (Husemann, 2001, S. 78)

Die ersten von Husemann vorgelegten Aufnahmen mit dem Dopplergerät lassen deutlich erkennen, dass die Stauung bei jedem Laut einen anderen, charakteristischen Gestus aufweist. Die Untersuchungen dazu sind zwar noch nicht abgeschlossen, doch scheinen die Bilder ausreichend reproduzierbar. Wenn es künftig bei fortschreitender Technik möglich sein wird, die Stauphänomene sogar dreidimensional zu erfassen, wird sich ihre räumlich-plastische Gestalt sicher noch deutlicher zeigen lassen.

Es gibt also nicht nur *Luft*-Lautformen, sondern auch *Blut*-Lautformen. Wenn aber die vom Laut bewirkte Stauung sogar zu einer Strömungsumkehr des venösen Blutes führen kann, dann ändert sich unter dem Einfluss des Sprechens auch die chemische Zusammensetzung des venösen Blutes; es reichert sich z. B. stärker mit Kohlensäure an. Bis in den Stoffwechsel hinein reicht also die Wirkung des gesprochenen Wortes, und für das kleine Kind bedeutet das: Sprache strukturiert nicht nur das Gehirn, sondern auch die Blutzirkulation und alle Organe; sie wirkt buchstäblich leibgestaltend.

Eine unfassliche Weisheit ist hier wirksam, die weit über menschliche Erfindungsgabe hinausgeht. Keiner von uns könnte Bewegungsformen erfinden, die allein durch ihren wiederholten Vollzug bis in die Organstrukturen des Körpers entwicklungsfördernd, aufbauend, differenzierend und gestaltend wirken und dadurch die organischen Fundamente legen für alles das, was sich später an seelischen und geistigen Fähigkeiten entwickeln soll, um im vollen Sinne des Wortes Mensch sein zu können.

Und noch einmal zeigt sich, welch entscheidende Bedeutung dem sprachlichen Vorbild des Erwachsenen zukommt: Er sollte dem kleinen Kind nicht mit rudimentärer Babysprache begegnen, sondern mit einer voll ausgebildeten, grammatisch und syntaktisch korrekten Sprache. Denn die *Strukturen* der Sprache sind es, die sich im Gehirn und im Körper als Strukturen niederschlagen. Andererseits sollte die Sprache auch nicht intellektuell-abstrakt sein. Aber darüber wird später noch zu sprechen sein.

## *Sprache wirkt auf Atem und Herz*

In den vorangegangenen Abschnitten wurde gezeigt, wie die Sprache in den ersten Lebensjahren eine geradezu magische Wirkung auf den kindlichen Organismus ausübt. Hier wirkt die tiefste, elementarste Schicht von Sprache, die ganz und gar in der gestaltenden *Bewegung* lebt, ganz schöpferische Tat ist, tief unbewusst im *Blut* und in den *Muskeln* wirkend.

Doch wirkt Sprache auch noch in einem anderen Funktionsbereich des Körpers, nämlich im Atem und Herzschlag, und auf diesen Bereich müssen wir besonders blicken, wenn wir die weitere Entwicklung des Kindes verstehen wollen. Denn etwa mit dem dritten Jahr ist die Phase vorbei, in der Sprache noch elementar leibgestaltend wirkte; die wesentlichen Organstrukturen sind angelegt, und jetzt geht es um anders geartete Gestaltungsprozesse, die stark mit dem Atem zusammenhängen. Es handelt sich dabei um Folgendes:

Wenn Atem und Herzschlag sich selbst überlassen bleiben, folgen sie ihren eigenen, natürlichen Rhythmen, die optimal der Aufrechterhaltung der Vitalfunktionen dienen. Kaum aber beginnen wir zu sprechen, greifen wir in diese Naturrhythmen ein und spielen auf dem Ausatmungsstrom wie auf einem Instrument: Wir stauen ihn zurück oder drücken ihn voran, wir beschleunigen oder retardieren, wir hauchen sanft oder pressen mit Gewalt, wir senken die Stimme oder heben sie, wir flüstern oder schreien, wir bemühen uns um eine moderate, mittlere Lage oder wechseln heftig zwischen den Extremen, kurzum: Wir kümmern uns, solange das Atemvolumen reicht, überhaupt nicht um den natürlichen Rhythmus. Wir gestalten nicht nach den physiologischen Notwendigkeiten des Körpers, sondern nach unseren Stimmungen und Gefühlen, nach den Notwendigkeiten unseres seelischen Erlebens. Der Naturprozess ordnet sich – in bestimmten Grenzen – einem höheren Geschehen unter bzw. stellt sich ihm zur Verfügung. Auch das Herz ist von diesem Vorgang bis zu einem gewissen Grade betroffen, wie jeder weiß; es rast oder stockt, der Blutdruck verändert sich usw., nicht aus den physiologischen Notwendigkeiten heraus, sondern aus seelischen Ursachen.

Für Pädagogen dürfte es von besonderem Interesse sein zu erfahren, dass diese Veränderungen nicht nur beim Sprecher eintreten, sondern auch beim Hörer: Wenn jemand etwas Interessantes erzählt, ist leicht zu beobachten, wie die Hörer stets am Höhepunkt der Spannung den Atem anhalten – um ihn mit Wohlgefühl wieder zu entlassen, wenn die Spannung sich löst. Die körperliche Bewegung steht für Augenblicke ganz im Banne der *seelischen Bewegung* und richtet sich sogar bis zu einem gewissen Grade gegen die natürlichen Prozesse. Der Atem wird von der Empfindung ergriffen. Und auch der Kreislauf reagiert höchst sensibel auf den Vorgang des Sprechens und des Hörens, wie James J. Lynch (1987) in seinem Buch *Die Sprache des Herzens* nachgewiesen hat.

Erst im dritten Schritt wirkt Sprache auf denjenigen Funktionsbereich, der heute meist im Vordergrund der Betrachtung steht: auf das Gehirn und das Zentrale Nervensystem. In dieser Region wird jede Bewegung zum Stillstand gebracht, und dadurch kann etwas aus der Sprache heraustreten, was im leiblichen und seelischen Geschehen noch verborgen blieb: der Begriff. Die Worte »Begriff« und »Begreifen« weisen uns bereits auf ihren Ursprung im leiblichen Tun hin: Das Greifen des kleinen Kindes verwandelt sich zum Be-greifen der Welt. Erst wenn die leibliche und seelische Bewegung verstummt, kann die geistige Bewegung beginnen.

## *Drei Stufen des Spracherwerbs beim Kinde*

Alle drei Bewegungen, die leibliche, die seelische und die geistige, schieben sich beim Erwachsenen untrennbar ineinander, während er spricht: Mühelos vollzieht er die plastischen Bildebewegungen für jeden einzelnen Laut, begleitet sie halbbewusst mit Empfindungen, und vollbewusst lebt er in den Gedanken, die er zum Ausdruck bringen will. Nicht anders beim Hören: Wie sich u. a. an den feinen Bewegungen des Kehlkopfes ablesen lässt, wird das gehörte Wort von eigenen unbewussten Bewegungen begleitet; aus dem seelischen Erleben steigen dazu Empfindungen auf, und an sie knüpfen sich sofort Begriffe und Vorstellungen, Gedanken und Überlegungen.

Beim kleinen Kind hingegen liegt die Sache ganz anders: Die drei Stufen, die beim Erwachsenen wie von selbst zu einem Dreiklang verschmelzen, müssen erst Schritt um Schritt erobert werden, und das ist ein Prozess, der Jahre dauert. Das Hineinwachsen des Kindes in die Sprache stellt sich daher – leiblich gesehen – als ein Aufsteigen in einzelnen Stufen von unten nach oben dar. Es beginnt nicht beim Kopf, sondern bei den Muskeln und Gliedmaßen:

*Spracherwerb des Kindes*

| | | |
|---|---|---|
| *Zentrales Nervensystem, Kopf* | *Begriff Vorstellung* | *voll bewusst* |
| ↑ | ↑ | ↑ |
| *Atem / Puls Rhythm. System* | *Empfindung* | *halbbewusst* |
| ↑ | ↑ | ↑ |
| *Muskeln / Blut* | *Tat* | *unbewusst* |

Erst in der Pubertät beherrscht der Heranwachsende das abstrakte Bilden von Begriffen und Vorstellungen, das dem Erwachsenen so selbstverständlich ist. Kaum aber ist er dort angekommen, versinken die vorherigen Stufen im Bewusstsein so gründlich, dass sie vollständig ignoriert werden, als gäbe es sie gar nicht, und dann behauptet man mit scheinbarem Recht, der Sprechvorgang bestehe in nichts anderem als in der Übermittlung von Informationen. Der Kopf macht sich zum Alleinherrscher, der nur sich und seine Funktionen kennt und dementsprechend auch das kleine Kind nur intellektuell anzusprechen weiß und es auf intellektuelle Leistungen zu trimmen versucht. Von den Lebensbedingungen des kleinen Kindes sind wir damit weit entfernt, und so kann es nicht verwundern, dass die viel beschworene »Erziehungskatastrophe« ihren Lauf nimmt.

## *Der umgekehrte Spracherwerb*

Wer diesen Zustand überwinden möchte, wird nicht umhin können, den ernsthaften Versuch zu machen, über sein abstraktes Erwachsenenbewusstsein hinauszukommen und dem sich entwickelnden Kind mit der eigenen Entwicklung entgegenzugehen, indem er sich mit Bewusstsein hineinarbeitet in jene tieferen Regionen der Sprache, in denen das Kind noch unbewusst lebt. Ein »umgekehrter Spracherwerb« beginnt, der für den Erwachsenen keinen Abstieg bedeutet, sondern im Gegenteil einen Aufstieg zu neuen Fähigkeiten, zu therapeutischen Kompetenzen, ja sogar zu schöpferischen Kräften. Das eigene Menschsein erweitert und vertieft sich. Einzige Voraussetzung ist die Bereitschaft, sich einzulassen auf all das, was an der Sprache *künstlerisch* ist. Denn die wirklich heilenden, aufbauenden Kräfte, die wir für das Kind aktivieren möchten, sind zugleich künstlerische Kräfte, nicht im abstrakten Sinne, sondern ganz praktisch, wie im Folgenden dargelegt.

*Spracherwerb des Kindes*

| | | |
|---|---|---|
| *Zentrales Nervensystem, Kopf* | *Begriff Vorstellung* | *voll bewusst* |
| ↑ | ↑ | ↑ |
| *Atem / Puls Rhythm. System* | *Empfindung* | *halbbewusst* |
| ↑ | ↑ | ↑ |
| *Muskeln / Blut* | *Tat* | *unbewusst* |

## *Sprachmusikalität – Lebenselement der Kinder*

Sprache lebt von der Gemeinsamkeit. Sobald ein Mensch spricht und ein anderer zuhört, treten beide, Sprecher und Hörer, in eine gemeinsame Sphäre der Bewegung ein. Während aber der Erwachsene sein Bewusstsein hauptsächlich auf den Inhalt des gesprochenen Wortes richtet, auf die »Information«, die ihn gedanklich bewegt, fühlen sich Kinder noch unmittelbar angesprochen von dem reichen Bewegungsgeschehen, das auf einer ganz anderen Ebene liegt, nämlich in der Satzmelodie und Betonung, im Laut und Leise, Schnell und Langsam, in der Klangfarbe und im Rhythmus der Sprache. Mag es für den Erwachsenen auch schwer verständlich sein – alles, was an der Sprache musikalischer Natur ist, wirkt in den ersten Lebensjahren ungleich stärker auf das Kind als der Inhalt des Gesprochenen. Die Sprachmusik entbindet die Kräfte, die sowohl den Leib wie auch die Seele des Kindes ergreifen und harmonisch ineinander stimmen.

Deshalb fühlen sich Kinder überall da in ihrem Element, wo Singen und Spielen, Sprechen und Bewegung zu einer Einheit zusammenfließen. Und aus gutem Grund verlangen sie ihre Lie-

*»Spracherwerb« der Erzieher/innen*

| | |
|---|---|
| *gedanklich abstrakt* | *Erleben der Begriffe und gedanklichen Strukturen* |
| ↓ | ↓ |
| *poetisch-musikalisch* | *Kreativität in Bild, Klang, Rhythmus, Sprachmelodie* |
| ↓ | ↓ |
| *schöpferisch-therapeutisch* | *Umgang mit den Lauten als schaffenden Mächten* |

der und Reime, ihre Verse und Reigenspiele nicht nur einmal zu singen und zu sprechen, sondern wieder und wieder. Denn es kommt ihnen nicht auf die begriffliche Information an, für die eine einzige Mitteilung genügen würde, sondern auf die im Strom der Zeit wirkende, formende und gestaltende Kraft der Wortmusik, mit der zusammenklingend sie ihren Organismus ausgestalten. Ebenso wie Essen und Trinken rhythmisch wiederkehren müssen, um den Leib zu ernähren, so lebt auch der »Sprach-Leib« des Kindes von der rhythmischen Wiederholung. Kinder erfinden sogar von sich aus mancherlei Lautkompositionen, in denen nichts als Sprachmusikalität und Freude am Rhythmus lebt, wie es beispielsweise bei dem folgenden Abzählvers in reinster Form der Fall ist:

Enne denne dubbe denne
Dubbe denne dalia
Ebbe bebbe bembio
Bio bio buff !

Wer Kindern belebende Kräfte schenken will, sollte sie zu solchen Sprach- und Bewegungsspielen, wie sie früher ganz spontan erfunden wurden, bewusst anregen, sollte aber auch bei der Auswahl von Kinderbüchern den Wert der Texte nicht so sehr an ihrer gedanklich-begrifflichen Qualität messen, sondern an der musikalisch-rhythmischen Qualität der Sprache, an der Bildkraft der Worte, an der künstlerischen Komposition der Sätze. Diese nämlich sind die eigentliche Nahrung, an der sich Kinder laben. Vielleicht muss man selbst wieder ein wenig Kind werden, um sich an der musikalischen Qualität einer dichterisch geformten Sprache zu begeistern und ihre heilsame, aufbauende Kraft am eigenen Leibe zu spüren. Dann fühlt man, was es heißt, sich in der Region der schaffenden und bildenden Lebenskräfte aufzuhalten, in denen das Kind mit seinem ganzen Wesen beheimatet ist.

## *Wortbilder als seelengestaltende Kraft*

Diese Lebenskräfte aber verwandeln sich – einem Urgesetz aller Entwicklung folgend – in Höheres. Sobald ihre Arbeit an der physischen Organisation des Leibes getan ist und die wichtigsten Funktionen ausgebildet sind, dämpft sich die magische Wirkung der Sprache auf den kindlichen Leib allmählich ab, und stattdessen wirkt die Sprache nun formend und gestaltend im Bereich der Fantasie und inneren Vorstellungskraft. So wie der einzelne Laut sich selbstlos dem Wort zur Verfügung stellt und hinter ihm gewissermaßen verschwindet, so tritt auch die prägende Kraft des Lautes ab dem dritten und vierten Lebensjahr zurück hinter dem seelischen Erleben des *Bildes*, das aus der Lautverbindung des Wortes hervorgezaubert wird. Wohl bleibt die elementare Lautkraft im Untergrund weiterhin wirksam, wie die bis ins Schulalter anhaltende Freude der Kinder an Rhythmen und Lautspielereien, an Sprachklang und Wortmusik bezeugt. Doch tritt das Bild, das an der Lautkomposition erlebt wird, immer mehr in den Vordergrund, und dieses Bild ist für die Kinder umso lebensvoller, je unmittelbarer es sich aus den malenden Lauten selbst ergibt. Zwei Beispiele sollen das verdeutlichen:

In dem Märchen *Die Bremer Stadtmusikanten* spricht der Esel den entlaufenen Hund an mit den Worten: »Was jappst du so, Packan?« Mögen die Kinder das Wort *jappen* auch noch nie gehört haben – sie verstehen es unmittelbar aus der Lautmalerei heraus und sehen den mit hängender Zunge nach Luft hechelnden Hund vor dem inneren Auge. Auch die scharfen Zähne, die dabei zum Vorschein kommen, werden greifbares Bild in dem Wort *Packan*, das mit seinem P und K den scharfen Biss des Tieres aufs Schönste hörbar macht. Hier zeichnen die Laute ganz konkrete, quasi sinnlich fassbare Bilder in die Seele des Kindes. Und so reich wie die Sinneswirklichkeit sind auch die Möglichkeiten der Sprache, jedes Ding und jedes Wesen bei seinem Namen zu nennen. So spricht der Esel zu der jämmerlich dreinschauenden Katze ganz anders als zu dem Hund. Er begrüßt sie mit den Worten: »Was ist dir in die

Quere gekommen, alter Bartputzer?« Kann man die genüsslich-elegante Ästhetik der Katze, die sich mit samtweichen Pfoten zungenschleckend über die Barthaare streicht, treffender charakterisieren als mit der an Lippen und Zähnen pointierten Konsonantenfolge des *Bartputzers*? Aus den Lauten erwächst das Bild, das die Kinder so entzückt.

Dieses Bild aber – das ist für den Erwachsenen wichtig zu wissen – hat eine völlig andere Qualität als das Fernsehbild: Jenes wird als vorgefertigtes Bild von außen auf die Netzhaut geschossen, dieses wird vom Kind aus den bildschaffenden Kräften der eigenen Seele geformt und ist somit eine eigenständige, schöpferische Leistung. Sprache fördert nachgewiesenermaßen das Imaginationsvermögen des Kindes und legt damit ein weiteres Fundament für spätere kognitive Leistungen, während das technisch erzeugte, zwanghaft aufgedrungene Bild die innere bildschaffende Kraft allmählich lahm legt – mit allen nachteiligen Folgen. Kein Medium kann das Märchen ersetzen, das dem Kind von einem geliebten Menschen erzählt wird, kein Comicheft reicht an die bildnerische Kraft einer vorgelesenen Geschichte heran.

## *Bildhaft-konkretes Sprechen als Übungsweg*

So wichtig wie die Sprache für die Ausgestaltung der leiblichen Organe in den ersten Lebensjahren ist, so wichtig ist auch die anschließende Ausgestaltung der seelischen Organe Fantasie und Vorstellungskraft durch den Umgang mit Sprache. Allerdings finden Kinder dazu kaum die geeignete Umgebung, denn der heute übliche Sprachgebrauch der Erwachsenen ist hochgradig abstrakt geworden, ohne dass wir uns dessen überhaupt bewusst sind. Deshalb kann es für die gesunde Entwicklung der Kinder viel bedeuten, wenn der Erwachsene sich um ein bildhaft-konkretes Sprechen bemüht.

Er kann sich dazu selbst erziehen, indem er von Zeit zu Zeit den Bildern nachlauscht, die in jedem Wort unbeachtet schlummern.

Oft bedarf es nur eines kleinen Bewusstseinsrucks, um sie zu bemerken, und plötzlich be-*greift* und ver-*steht* er, findet es ein-*leuchtend* und er-*innert* sich, dass z. B. in dem Wort *hartnäckig* ein harter Nacken gemeint ist. Viele Bilder sind freilich schon so verblasst, dass man sie trotz aller Bemühung nicht mehr heraushören kann. In diesem Falle ist ein etymologisches Wörterbuch hilfreich, das die Herkunft und ursprüngliche Bedeutung des Wortes nachweist, und es lohnt sich wirklich, darin gelegentlich zu blättern. Wer wüsste beispielsweise zu sagen, welches Bild in dem Wort *Treue* steckt? Die Sprachwissenschaft belehrt uns, dass *Treue* auf ein altes indoeuropäisches Wort zurückgeht, mit dem das *Kernholz der Eiche* bezeichnet wurde! Da bedarf es keiner gelehrten Definition mehr, um zu verstehen, was Treue ist.

Indem der Erwachsene gelegentlich solche Streifzüge durch die Wortgeschichte macht und anfängt, konkret zu hören, wird sehr bald auch sein Sprechen konkreter, herzhafter, bildgesättigter, und je mehr er den Lebenssaft der Worte »schmeckt«, desto nahrhafter wird seine Sprache für das Kind. Äußerlich muss sich an den Worten gar nichts ändern; dennoch schwingt in ihnen jetzt eine Kraft, die unmittelbar zu Herzen geht und eine neue Gemeinsamkeit schafft. Zugleich wird derjenige, der sich in dieser Kunst übt, enorm sensibel gegenüber allem Phrasenhaften. Er gewöhnt sich daran, eigene und fremde Worte innerlich abzuklopfen, ob sie hohl sind oder gefüllt mit realem Inhalt. Seine besondere Vorsicht gilt den Fremdwörtern, denn mit ihnen lässt sich nur zu leicht die Hohlheit übertünchen, und mancher erliegt sogar noch der Selbsttäuschung, etwas sehr Kluges gesagt zu haben, wenn er ein gelehrtes Wort verwendet, von dessen Inhalt er eigentlich keine Vorstellung hat. Kurz: Das Verhältnis zur Sprache wird durch solche Übungen inniger und authentischer.

## *Sprache im Jugendalter*

Von alledem, was an der Sprache für das Kind von Bedeutung ist, löst sich der junge Mensch, wenn er in die Pubertät kommt. Jenseits aller Bildhaftigkeit und Musikalität klaubt er jetzt aus der Sprache die begrifflichen Strukturen heraus und entdeckt die Gesetze der Logik, mit denen er virtuos zu jonglieren beginnt. Das verleiht ihm einerseits ein verführerisches Gefühl der Macht, Dinge und Menschen durchschauen und manipulieren zu können, Urteile über alles und jedes zu fällen. Auf der anderen Seite kann es ihn begeistern, wenn er erlebt, dass es jenseits der Sprache eine Sphäre gibt, in der Mathematiker aller Länder, völlig unabhängig von ihrer jeweiligen Nationalsprache, zu den gleichen, unanfechtbaren Ergebnissen gelangen. Sich lösen von der Sprache – das ist das neue Thema dieses Alters, und es zeigt sich (vor allem bei den Jungen) dann auch recht drastisch in dem Verstummen aller individuellen Äußerungen, in der Vorliebe für Lakonismen, in dem »coolen« Aneinanderreihen von Modewörtern, Klischees und Phrasen, die nichts Individuelles preisgeben. Auch die Freude an frei gewählten, gruppenspezifischen Sprachcodes (so genannte Jugendsprachen), mit denen man sich gegen die Erwachsenenwelt abschotten kann, die dann nur noch »Bahnhof versteht«, gehört hierher, denn sie setzt Distanz zur eigenen Sprache voraus. Paradoxerweise wird Sprache, gerade indem man sie hinter sich lässt, zum Sprungbrett für das Erreichen einer höheren Ebene, für die Ebene des wortlosen, bildfreien Denkens. Sie ermöglicht die Emanzipation des Geistes.

## *Eine neue Entwicklungsstufe im Erwachsenenalter*

Indes hat die Emanzipation, mit der das Erwachsensein beginnt, ihren Preis. Denn der junge Mensch bewegt sich jetzt in der Sphäre der Abstraktion (was wörtlich bedeutet: Lösung vom Sinnlich-Konkreten). Die künstlerischen, leib- und seelengestaltenden

Komponenten der Sprache, die für die menschliche Entwicklung von so entscheidender Bedeutung sind, dass kein Kind sie ohne Schaden entbehren kann, hat er hinter sich gelassen, und so entschwinden sie seinem Bewusstsein. Das aber schafft unsichtbare Trennmauern zwischen ihm und dem Kind, Mauern, die selbst dann nicht ohne weiteres überwunden werden, wenn er eigene Kinder vor sich hat.

Jedoch muss diese Stufe nicht das Ende der Entwicklung sein: Eine Steigerung ist möglich, indem wir uns, wie oben skizziert, mit Bewusstsein in die unbewusst gebliebenen Schichten der Sprache hineinzuarbeiten versuchen. Das verbindet nicht nur den Erwachsenen neu mit dem Kind, es verbindet auch die Erwachsenen untereinander auf neuer, höherer Ebene. Denn im abstrakten Denken ist jeder mit sich allein; Sprache bleibt eine reine Äußerlichkeit und kann sogar zur Lüge, zur Täuschung werden. Eine herzhaft gewordene, bildhaft-musikalisch empfundene Sprache dagegen schlägt Brücken von Mensch zu Mensch, von Herz zu Herz – Brücken, auf die wir nicht verzichten können, wenn Erziehung und soziales Leben fruchtbar werden sollen.

Eckart Altenmüller

# Die Einflüsse von Musikerziehung auf das Gehirn

## *Mit Klassik-CDs zum intelligenten Kind?*

Der US-Bundesstaat Florida will künftig junge Mütter mit Klassik-CDs oder -Kassetten versorgen, damit sie musikalisch die Intelligenz von Babys fördern können. Damit folge Florida dem Vorbild Georgias, berichtet der Gouverneur von Georgia, Zell Miller, im Deutschlandfunk. Unzählige Studien belegten, dass sich »Milliarden Gehirnzellen« schneller bilden, wenn ein Baby Musik hört. Die Auswahl des Repertoires sei nicht so entscheidend. Wichtig sei aber, dass die Musik beruhigend wirke und eine Struktur habe, die das Gehirn anrege (Hannoversche Allgemeine Zeitung, Nr. 157 vom 8. 7. 1998).

In Zeiten finanzieller Engpässe wird gerade das kulturelle Leben nicht verschont. Streichungen von öffentlichen Zuwendungen an Musikschulen sind an der Tagesordnung, Orchester müssen fusionieren oder sich gar auflösen, vakante Musiklehrerstellen an den Schulen werden nicht besetzt. Die Musikerziehung kommt unter Rechtfertigungsdruck, man beginnt zu fragen: Braucht man Musik? – oder zumindest: Braucht man so viel Musik? Lohnt sich eine gesellschaftliche Investition in die schönen Künste? Und ist nicht gerade nach den erschreckenden Ergebnissen der PISA-Studie ein Fach, das eine Verbesserung kreativer und kognitiver Potenziale verspricht, jetzt besonders wichtig? Engagierte Pädagogen und Verfechter staatlicher Musikförderung wollen sich der Diskussion stellen und treten an die Öffentlichkeit. Klaus-Ernst Behne beispielsweise nahm bereits 1995 in der Zeitschrift *Musikforum* des Deutschen Musikrates zu diesen Fragen Stellung und überschrieb den Beitrag *Vom Nutzen der Musik*. Ein derartiger Vortragstitel wäre früher als Ironie aufgefasst worden, weil sich nach traditionellem kulturpolitischen Verständnis Musik, ja Kunst überhaupt, jedem materiell profanen Nützlichkeitsdenken a priori entzieht. Musik mag erfreuen, mag als Belohnung für die Mühe des Arbeitstages eingesetzt werden, aber einen »Nutzen« erwartete man nicht von ihr. Der Wert des »zweckfrei Schönen« wird durch die wirtschaftliche Lage der öffentlichen Hand nunmehr in Frage gestellt. Zeitungsmeldungen wie die oben zitierte sind daher allen Musik Schaffenden und Musik Lehrenden willkommen, man ruft Entwicklungspsychologen, Intelligenzforscher und vor allem die »harte Wissenschaft« der Hirnforschung auf den Plan und bittet um Schützenhilfe. Was hat es aber mit den die »Intelligenz« fördernden Eigenschaften der Musik auf sich? Sicherlich falsch an der oben aufgeführten Zeitungsmeldung ist, dass sich durch Musik »Milliarden Hirnzellen« schneller bilden. Wachstumsgeschwindigkeit oder Anzahl von Nervenzellen sind durch Einwirkung von Musik leider nicht zu beeinflussen.

Dass dennoch ein Zusammenhang zwischen Musikalität und Intelligenz besteht, konnte in vielen Untersuchungen nachgewiesen werden. Bereits 1925 zeigte Terman in seiner Untersuchung an 1000 überdurchschnittlich intelligenten Kindern, dass mit einem hohen Intelligenzquotienten auch künstlerisch-musikalische Hochbegabung weit überzufällig häufig einhergeht (Terman; Oden, 1925). In jüngerer Zeit entdeckte Bastian (2000) bei deutschen Schulkindern eine Beziehung zwischen musikalischer Begabung und dem Intelligenzquotienten, das heißt, die intelligenteren Kinder waren auch musikalischer. Eine derartige positive Korrelation beweist aber nicht einen ursächlichen Zusammenhang zwischen musikalischer Betätigung und Intelligenz. Möglich ist, dass ein dritter, nicht erfasster Faktor hier die entscheidende Rolle spielt. Denkbar wäre zum Beispiel, dass die musikalischen und intelligenten Kinder nicht wie die »durchschnittlichen« 11-jährigen deutschen Kinder 3,2 Stunden am Tag vor dem Fernseher sitzen (Hannoversche Allgemeine Zeitung vom 4. 4. 1999), sondern in einem Elternhaus aufwachsen, wo Gespräch, Austausch, kreative Beschäftigung und Erleben aus erster Hand gefördert werden.

Themen und Ziele dieses Beitrags sind, aus der Sicht der Hirnforschung eine aktuelle Bestandsaufnahme zur Frage zu liefern, welche Auswirkung Musizieren auf die neuronale Vernetzung hat, und zu diskutieren, inwiefern die durch Musizieren hervorgerufenen Veränderungen der Gehirnorganisation messbar andere Verhaltensleistungen beeinflussen.

## *Auswirkung von musikalischem Lernen auf die Hirnvernetzung*

In den letzten Jahren haben zahlreiche Studien gezeigt, dass Musizieren bestimmte Wirkungen auf die funktionelle Organisation der Großhirnrinde ausübt. Musikalisches Lernen kann die Nervenzell-Netzwerke der Großhirnrinde in spezifischer Weise beeinflussen. Wir sind dieser Frage in mehreren Untersuchungen nachgegangen (siehe Altenmüller et al., 2000). In enger Zusammenarbeit mit dem Freiburger Musikpädagogen Wilfried Gruhn haben wir Schüler über sechs Wochen trainiert, musikalische Phrasen als »geschlossen« oder als »offen« zu beurteilen. Dabei handelt es sich um ein musikalisches Merkmal, das durch bestimmte harmonische und melodische Regeln und durch Symmetriegesetze operationalisiert werden kann. Vor Beginn des Unterrichtes wurde die Hirnaktivität während des Bearbeitens dieser Höraufgabe mit einem Gleichspannungs-EEG gemessen.

Nach der ersten EEG-Messung wurden die Schüler zum Training in drei Gruppen aufgeteilt. Die Gruppe A erhielt traditionellen, verbal betonten Unterricht, der eher deklaratives Wissen über Musik vermittelte, die zweite Gruppe B erhielt genuin musikalische Unterweisung durch improvisatorisches Musizieren unter weitgehendem Verzicht auf verbale Interventionen. Dieser Gruppe wurden also eher prozedurale Hörfertigkeiten vermittelt. Eine dritte Gruppe C erhielt keinen Unterricht. Nach den sechs Wochen hatten beide Gruppen gleich gut gelernt, die musikalischen Phrasen zu beurteilen, aber die Hirnaktivierungsmuster unterschieden sich sehr deutlich: Die verbal unterrichteten Kinder zeigen nach der Trainingsphase eine Mehraktivierung über linkshemisphärischen Stirnhirn- und Schläfenregionen, aber die genuin musikalisch unterrichteten Kinder eine Mehraktivierung über dem rechtsseitigen Stirnhirn- und beidseitigen Scheitelregionen. Die Kontrollgruppe zeigte eine Abnahme der Hirnaktivierung ohne Änderung des Musters. (Eine ausführliche Schilderung des Experiments findet sich bei Altenmüller et al., 1997; Gruhn, 1998.)

Diese Ergebnisse zeigen, dass Musikerziehung und Gehörbildung ganz offenbar die Hirnaktivierung und die Nervenzellvernetzung der Großhirnrinde spezifisch beeinflussen kann. Die Art des Lernens bestimmt die Hirnaktivierung während der Hörleistung demnach mit. Dabei wird auch deutlich, dass mit unterschiedlichen Nervenzellverschaltungen gleich gute Leistungen erbracht werden können.

In einer weiteren Untersuchung konnte der Einfluss musikalisch-sensomotorischen Lernens auf die neuronalen Netzwerke in einer Querschnittstudie an Berufspianisten und in einer Längsschnittstudie in Zusammenhang mit dem Erlernen des Klavierspiels nachgewiesen werden. Üben und Spielen eines Instruments beruhen immer auf einer auditorisch-sensomotorischen Integrationsleitung des Gehirns. Berufspianisten können eindrucksvoll schildern, wie ihnen beim Hören von Klaviermusik die »Finger jucken« und wie anderseits beim selbstvergessenen Trommeln mit den Fingern auf der Tischplatte vor dem »inneren Ohr« Klaviermusik erklingt. Marc Bangert aus unserem Labor zeigte in mehreren Experimenten, dass Berufspianisten beim Hören von Klaviermusik ihre motorische Handregion und beim lautlosen Klavierspiel auf einer Tastatur ihre Hörrinde aktivieren. Bei musikalischen Laien kommt es beim Erlernen des Klavierspiels erstaunlicherweise zu ähnlichen Effekten. Bereits nach 20 Minuten Klavierüben entsteht bei Anfängern eine funktionelle Kopplung mit gleichzeitiger Aktivierung der Nervenzellverbände in den Hörrinden und den sensomotorischen Arealen (Bangert et al., 1999; Bangert, 2001).

Nach dem Training werden schon beim Anhören der Aufgabe die zentral gelegenen motorischen Großhirnareale aktiviert. Beim Nachspielen dagegen zeigen sich nach dem Training vor allem in den links und rechts seitlich gelegenen Schläfenregionen zusätzliche Aktivierungen. Dies entspricht einer verstärkten Aktivierung der Hörrinde. Die Ergebnisse dieser Untersuchungen machen deutlich, welche Anpassungsvorgänge in der Großhirnrinde schon nach wenigen Minuten Üben ablaufen. Sie zeigen aber auch, dass beim Klavierüben weit verzweigte Nervenzellnetzwerke mit Einbeziehung fast aller Großhirnstrukturen aktiviert werden. Bereits nach fünf Wochen Training am Klavier sind diese zunächst nur vorübergehenden Änderungen der neuronalen Vernetzung stabil, und es kommt bei Klavieranfängern dann zu einem ähnlichen Aktivierungsmuster wie bei den Berufspianisten.

Mithilfe solcher elektrophysiologischer Messungen kann man nicht nur die Aktivierung der Großhirnrinde darstellen. Die Ähnlichkeit der EEG-Signale in unterschiedlichen Hirnregionen erlaubt auch Rückschlüsse auf die Vernetzung kortikaler Bereiche. Man bezeichnet dieses Maß als Kohärenz. Messungen der Veränderung der Kohärenz nach 20 Minuten und nach 5 Wochen Klavierüben ergaben, dass sowohl beim Zuhören als auch beim stummen Bewegen der Finger auf der Klaviertastatur eine verstärkte Kohärenz zwischen beiden Hirnhälften und zwischen den zentral gelegenen sensomotorischen Rindengebieten und den seitlich gelegenen auditiven Rindengebieten entsteht (Bangert et al., 2001). Dies ist ein eindrucksvoller Hinweis auf die Dynamik der neuronalen Verschaltung. Wenige Minuten eines Trainings, das eine sensomotorisch-auditive Integrationsleistung erfordert, genügen offenbar, um eine funktionelle Kopplung der beteiligten Hirnareale zu erzeugen.

Können derartig veränderte Nervennetzwerke auch für andere Intelligenzleistungen nutzbar gemacht werden? Können wir diese »Nervenfaser-Autobahnen« auch im Alltag für schnelleren Informationsfluss und für effizienteres Denken einsetzen? Eine Antwort auf diese Frage müssten wir erhalten, wenn wir die Entwicklung des Intelligenzquotienten über mehrere Jahre bei Kindern mit und ohne Klavierunterricht vergleichen. Dieses Experiment wurde in den Jahren 1994 bis 1997 in Montreal durch Eugenia Costa-Giomi (1999) durchgeführt. 67 Kinder aus eher sozial schwachen Familien erhielten über drei Jahre Klavierunterricht, 50 Kinder waren in der Kontrollgruppe (ohne Klavierunterricht). Während zu Beginn der Studie alle Kinder den gleichen, sprachliche, räumliche und mathematische Leistungen umfassenden Intelligenzquotienten aufwiesen, zeigte sich nach zwei Jahren Klavierunterricht ein Vorsprung der Klavierschüler, der allerdings nach drei Jahren von den Kindern der Kontrollgruppe wieder aufgeholt war.

Offensichtlich kam es also bei den Klavier spielenden Kindern nur zu einem vorübergehenden Effekt. Es stellt sich nun die Frage, ob vielleicht die Dauer des Klavierunterrichts nicht ausreichte oder die Kinder nicht genug übten, um eine deutlichere Wirkung zu erzielen. Eine Antwort darauf findet man, wenn man die Intelligenzquotienten zum Beispiel von Berufspianisten betrachtet. Sind Berufsmusiker die intelligenteren Menschen?

## *Musikergehirne sind anders*

Die Ergebnisse von Intelligenztests bei größeren Gruppen von Musikern sind uneinheitlich. Einige Forscher fanden einen höheren IQ bei Musikern im Vergleich zu anderen akademischen Berufen, andere aber stellten keine signifikanten Unterschiede fest. In einer noch unveröffentlichten neuen Studie an Studenten der Hannoveraner Musikhochschule erbrachten diese im Vergleich zu Studenten anderer Fächer bessere verbale Leistungen, aber schlechtere logische Leistungen (mündliche Mitteilung von Dr. Susanne Brandler, Universität Göttingen). Derzeit wird unter Leitung von Prof. Thomas Rammsayer aus Göttingen eine größere Studie zu diesem Thema an unserer Musikhochschule durchgeführt.

Ungeachtet der uneinheitlichen IQ-Testergebnisse zeigen mehrere Untersuchungen ganz eindeutig, dass sich die Vernetzung und sogar die äußere Form des Gehirns von Berufsmusikern im Vergleich zur Normalbevölkerung unterscheidet. Langjährige Übung der Feinmotorik führt bei Musikern zu einer Veränderung der Größe der Handregionen in den primären motorischen Hirnrindengebieten (Amunts et al., 1997). Mithilfe der Kernspintomographie wurde eine große Gruppe Berufspianisten untersucht und mit einer altersgleichen Gruppe von Nicht-Musikern verglichen. Es zeigte sich, dass bei den Musikern im Gegensatz zu Nicht-Musikern keine deutliche Asymmetrie zwischen den motorischen Handarealen der linken und der rechten Hirnhälfte nachweisbar war und dass insgesamt die motorische Handregion auf beiden Hirnhälften bei den Musikern etwas größer war. Diese Unterschiede waren besonders bei Instrumentalisten deutlich, die vor dem Alter von sieben Jahren mit dem Instrumentalspiel begonnen hatten. Sehr wahrscheinlich handelt es sich hier um eine funktionelle Anpassung der »Hardware« des Zentralnervensystems an die verstärkten Anforderungen. So ist bekannt, dass die Entwicklung des Stützgewebes und die Bemarkung der Nervenzellfortsätze im Zentralnervensystem bis über das siebte Lebensjahr hinaus andauern und durch adäquate Stimulation und vermehrten Gebrauch gefördert werden kann.

Mit der gleichen Messmethode wurde auch die Größe des Balkens – der mächtigen Faserverbindung zwischen der rechten und der linken Hirnhälfte – bei Pianisten und bei Geigern im Vergleich zu Nicht-Musikern untersucht (Schlaug et al., 1995a). Passend zu den oben dargestellten Ergebnissen fand sich eine Vergrößerung des vorderen Anteils des Balkens bei den Berufsmusikern, die vor dem Alter von sieben Jahren mit dem Instrumentalspiel begonnen hatten. Der vordere Anteil des Balkens führt vor allem die Faserverbindungen, die die motorischen und prämotorischen Rindenfelder beider Hemisphären verbinden. Analog kann hier argumentiert werden, dass die funktionelle Beanspruchung der Koordination beider Hände mit dem notwendigen raschen Informationsaustausch zwischen beiden Hirnhälften zu einer Verstärkung der Bemarkung dieser Fasern führt, was in einer schnelleren

Nervenleitfähigkeit resultiert (Fields; Stevens-Graham, 2002). Es ist nicht auszuschließen, dass auch der Erhalt von »normalerweise« – d. h. ohne adäquate Reizung – nach der Geburt untergehenden Nervenzellfasern zu dieser Vergrößerung des Balkens beiträgt.

Neben den handmotorischen Rindenfeldern und ihren Verbindungen zwischen beiden Hirnhälften ist auch die somatosensible »Gefühls«-Repräsentation der Handregion bei Musikern vergrößert. Mithilfe der Magnetoenzephalographie kann in der somatosensiblen Handarea der Hirnrinde die Größe der Nervenzellpopulationen, die auf einen Gefühlsreiz der Finger ansprechen, abgeschätzt werden. Beim Vergleich der Fingerareale der linken Hand von Geigern mit gleichaltrigen nicht musizierenden Kontrollprobanden zeigte sich, dass mit Ausnahme des Daumens die kortikale Repräsentation der Finger bei Geigern deutlich größer war als in der Vergleichsgruppe. Der Größeneffekt war wiederum abhängig vom Alter, in dem die Probanden das Violinspiel begonnen hatten, und am stärksten bei denjenigen, die vor dem Alter von sieben Jahren den ersten Geigenunterricht erhalten hatten (Elbert et al., 1995). Aber nicht nur die sensomotorischen Hirnregionen werden durch das lange Training der Berufsmusiker verändert. Auch die Hörrinde weist bei hoch trainierten Musikern Besonderheiten auf. Musiker mit absolutem Gehör haben eine relativ größere Ausprägung der Hörrinde im Bereich der linken Schläfenregion (Schlaug et al., 1995b). Schließlich zeigen neueste Befunde, dass auch das für die feinmotorische Koordination mit zuständige Kleinhirn bei Musikern im Vergleich zu Nicht-Musikern vergrößert ist (Schlaug et al., 2001).

Die in diesem Abschnitt berichteten Befunde zeigen, dass beim professionellen Musizieren das Zentralnervensystem sich funktionell und sogar strukturell anpasst. Die Fähigkeit unseres Nervensystems, den Erfordernissen der Umgebung entsprechend zu »reagieren«, nennt man »Plastizität«. Ganz generell gesprochen zeigen diese Befunde, dass die äußere Struktur und die funktionelle Organisation unseres Gehirns das abbilden, womit wir uns lange Zeit intensiv befasst haben. Wie bei allen anderen komplexen Lernvorgängen sind diese Anpassungsvorgänge im frühen Kindesalter zwar am deutlichsten ausgeprägt, wiederholen sich aber das gesamte Leben lang!

## *Exkurs: Was ist Intelligenz?*

Nach diesem Einblick in die Welt der hoch spezialisierten »Musiker-Gehirne« soll nun untersucht werden, welche wissenschaftlich fundierten Belege für einen Transfer musikalischer Fertigkeiten auf andere kognitive Leistungen sprechen. Dazu möchte ich kurz auf den hier verwendeten Intelligenzbegriff eingehen.

Die Frage, was Intelligenz sei, lässt auch heute noch vielerorts die Emotionen aufwallen. Das ungebrochene Interesse der Öffentlichkeit an diesem Problem belegen die zahlreichen Neuerscheinungen zu diesem Thema (Goleman, 1995; Gardner, 1999; Mackintosh, 1998). Eine ausführliche Würdigung der unterschiedlichen Intelligenztheorien würde den Rahmen dieses Beitrags sprengen, dennoch sollen zwei wichtige Positionen kurz referiert werden, weil sie für das Verständnis der folgenden Abschnitte von Bedeutung sind.

Schon der erste Intelligenzforscher Charles Edward Spearman (1904) erkannte bei der Auswertung seiner Tests, dass Menschen, die in einem Intelligenzbereich, z. B. in mathematischen Leistungen, sehr gut abschnitten, mit hoher Wahrscheinlichkeit auch bessere sprachliche oder räumliche Leistungen erbrachten als der Durchschnitt. Spearman formulierte aufgrund dieses Effektes das Konzept der »generellen Intelligenz G« als »Kernintelligenz« oder »fluide Intelligenz« und postulierte neben der generellen Intelligenz noch zusätzliche spezifische Intelligenzfaktoren, die später als »kristalline Intelligenz« oder als »Denkfertigkeiten« bezeichnet wurden. Letztere können offenbar stärker geübt werden als die »generelle Intelligenz«, die stark von Erbfaktoren abhängig zu sein scheint. Menschen mit hohem »G« schneiden also in allen Tests besser ab, Menschen mit niederem »G« in allen schlechter. Bis heute konnte nicht geklärt werden, welche Eigenschaften diesem »G« zu Grunde liegen. Denkbar wäre die generelle Verarbeitungsgeschwindigkeit des Gehirns oder die Geschwindigkeit, mit der die Aufmerksamkeit von einem Ziel auf ein anderes gerichtet werden kann. Dafür spricht, dass bei Aufgaben, die hohes »G« erfordern, die für die Aufmerksamkeitssteuerung zuständigen Stirnhirnbereiche aktiviert werden. Dieses Aktivierungsmuster ist unabhängig davon, ob sprachliche oder räumliche Probleme bewältigt werden müssen (Duncan et al., 2000). Nur am Rande sei an dieser Stelle vermerkt, dass seit Beginn der Intelligenzmessung um 1910 Reihenuntersuchungen an britischen und holländischen Rekruten zeigten, dass der Intelligenzquotient stetig ansteigt. Als Erklärung für dieses Phänomen wird diskutiert, dass verbesserte Ernährung, verbessertes Gesundheitswesen, aber auch genereller Wohlstand, verbesserte Anwendung der Tests und die zunehmende Komplexität unserer Lebenswelten den Anstieg des Intelligenzquotienten bewirken (Übersicht dazu bei Mackintosh, 1998).

Dem Konzept der »generellen Intelligenz« gegenüber steht das Konzept der »multiplen Intelligenzen« von Howard Gardner (1983). Gardner war unzufrieden mit dem Schulbegriff der »allgemeinen Intelligenz«, der mit Papier und Bleistift-Tests abgeprüft werden kann. Halb scherzhaft nannte er den herkömmlichen Intelligenztest »ein Mittel, das vor hundert Jahren in Frankreich und Großbritannien perfektioniert wurde, um Individuen auszuwählen, die sich gut als mittlere Beamte für entlegene Posten im Kolonialreich eignen würden« (Gardner, 1999). Auf der Suche nach einer alternativen Theorie trug Gardner Wissen über den Menschen aus unterschiedlichen Bereichen zusammen. Dazu gehören Erkenntnisse über die Hirnentwicklung, über die Folgen lokalisierter Hirnschädigungen, über spezifische Gruppen von Menschen, z. B. über Autisten und Wunderkinder sowie über Fähigkeiten und Fertigkeiten von Menschen in fremden Kulturen, die dort geschätzt werden, aber in der westlichen Kultur wenig Ansehen genießen. Auf der Grundlage dieser auch neurobiologisch fundierten

Erkenntnisse entwickelte Howard Gardner das Konzept der multiplen Intelligenzen. Er unterscheidet acht Intelligenzen als Grundausstattung menschlicher Geistestätigkeit, menschlichen Wissens und Erlebens. Unter »Intelligenz« wird dabei die Fähigkeit verstanden, Probleme zu lösen oder Produkte zu erzeugen, denen in einem kulturellen Umfeld oder in einer Gemeinschaft Wert beigemessen wird. Es soll an dieser Stelle nicht verschwiegen werden, dass Gardners Begriff der Intelligenz nach wie vor umstritten ist, weil er eher ein Konzept von Denkfertigkeiten im Sinne der »kristallinen Intelligenz« beschreibt und die »generelle Intelligenz« weitgehend ausklammert.

Die acht Intelligenzen Howard Gardners sind: die linguistische Intelligenz, die logisch-mathematische Intelligenz, die räumliche Intelligenz, die musikalische Intelligenz, die körperlich kinästhetische Intelligenz, die intrapersonale Intelligenz (Fähigkeit zur kritischen Selbstbeurteilung), die emotionale Intelligenz (Fähigkeit zur Wahrnehmung der Gefühle anderer), die naturalistische Intelligenz (Fähigkeit zum Erkennen und Klassifizieren natürlicher Objekte).

Eine Intelligenz muss nach Gardner folgende Merkmale aufweisen, um eigenständig in dieser Liste aufgeführt zu werden:

Sie kann durch eine Hirnverletzung selektiv zerstört werden.
In jeder der sieben Domänen kommen Wunderkinder oder Ausnahmemenschen vor.
Es werden identifizierbare Kernoperationen ausgeführt.
Eine Intelligenz weist eine eigene lebensgeschichtliche (ontogenetische) Entwicklung auf.
Es gibt einen evolutionsgeschichtlichen Hintergrund.
Eine Intelligenz steht in Bezug zu einem Zeichensystem.
Eine Intelligenz muss experimentell zu untersuchen sein.

Am Beispiel der musikalischen Intelligenz sollen diese Merkmale kurz erläutert werden. Selektive Einbußen musikalischer Fertigkeiten findet man nach Hirnverletzungen, insbesondere im Bereich der vorderen Anteile der linken und rechten Schläfenlappen (Übersicht bei Schuppert et al., 2000). Dieses Symptom wird als »Amusie« bezeichnet. Musikalische Wunderkinder sind seit Wolfgang Amadeus Mozart in unserem Kulturkreis immer wieder beschrieben worden. Als Kernoperation könnte man beim Musikhören die Bestimmung relativer Tonhöhe bezeichnen. Die eigene ontogenetische Entwicklung der musikalischen Intelligenz kann gerade bei Ausnahmemenschen beobachtet werden. So waren bei Mozart oder Mendelssohn die musikalischen Fähigkeiten schon sehr früh entwickelt, und als Jugendliche hatten beide Meisterschaft erreicht. Als evolutionsgeschichtlichen Hintergrund könnte man den Vogelgesang anführen. Neben angeborenen Gesängen können zahlreiche Vögel Gesänge erlernen. Gardner geht davon aus, dass Musik ein eigenständiges Zeichensystem ist. Dabei repräsentiert Musik im Gegensatz zu Wörtern oder Pictogrammen meist nichts Gegenständliches, sondern bezieht sich auf etwas »innerlich« Erlebtes. Beispiele aus unserem Kulturkreis sind etwa die Todesahnung, die durch Tonwiederholungen in dem Liederzyklus *Winterreise* von Franz Schubert oder in der Oper *Lulu* von Alban Berg symbolisiert wird. Im außereuropäischen Raum ist der Zeichencharakter der Musik, z.B. als Zuweisung bestimmter Skalen und Harmonien zu bestimmten Affekten noch viel offensichtlicher, ähnlich wie dies auch in der klassischen Antike und teilweise im Barockzeitalter der Fall war. Hinsichtlich der experimentellen Überprüfbarkeit musikalischer Fertigkeiten kann auf die zahlreichen Musikalitätstests, z.B. von Edwin Gordon und Seashore verwiesen werden.

Die Klarheit der Kriterien, die Gardner aufstellte, hat viel zur Popularität seiner Thesen beigetragen. Dennoch sind im Einzelfall nicht alle Bedingungen leicht zu erfüllen. Dies betrifft vor allem die Forderung, dass eine Intelligenz überprüfbar sein muss. Es ist einleuchtend, dass die ersten drei Intelligenzen zumindest in relevanten Anteilen in herkömmlichen Intelligenztests abfragbar sind. Für den Erfolg im Leben scheinen jedoch die emotionale Intelligenz und die interpersonale Intelligenz von größerer Bedeutung zu sein – wobei diese Fertigkeiten nur mit großen Schwierigkeiten durch einen Test objektiv erfasst werden können.

Aus pragmatischen Gründen wollen wir hier Howard Gardners Konzept der »multiplen Intelligenzen« übernehmen. Wenn also von Intelligenzleistungen die Rede ist, bezieht sich das auf die oben genannten acht Intelligenz-Fertigkeiten. Da hier die Frage ist, ob Musizieren »intelligent« macht, soll im Folgenden untersucht werden, inwiefern ein Transfer der musikalischen Fertigkeiten auf die anderen acht »Intelligenzen« anzunehmen ist. Dabei sind streng genommen nur kontrollierte Interventionsstudien aussagekräftig, d. h. solche, bei denen eine »Experimentalgruppe« vermehrt Musikunterricht erhält, während eine Kontrollgruppe vermehrt andersartigen Unterricht erhält. Nach der »Intervention« wird dann überprüft, ob die Experimentalgruppe im Vergleich zur Kontrollgruppe verbesserte Leistungen in anderen Intelligenzbereichen erbringt.

## *Schulversuche mit intensiviertem Musikunterricht*

Schulversuche, die Auswirkungen von intensiviertem Musikunterricht auf andere schulische Leistungen und auf das Sozialverhalten überprüfen, sind nicht neu. Es ist ein besonderes Problem der Erziehungswissenschaften, dass derartige Studien stets mit großen methodischen Schwierigkeiten und auch mit immensen Kosten verbunden sind. Schon bei der Frage, welchen Intelligenztest und welchen Musikalitätsbegriff man heranziehen soll, scheiden sich die Geister. Kinder und Jugendliche sind zahlreichen wechselnden Einflüssen ausgesetzt und können nicht wie in einem Laborexperiment durch Veränderung einer einzigen Einflussgröße, in unserem Fall durch intensivierten Musikunterricht, untersucht werden. Klaus Ernst Behne (1995) hat die methodischen Fallstricke der Interventionsstudien sehr klar dargestellt. Unspezifische Effekte können die Ergebnisse verfälschen. Allein die Tatsache, Teilnehmer eines Experimentes – des Musikversuchs – zu sein, kann die

Kinder zu überdurchschnittlichen Leistungen motivieren. Dieses Problem ist aus der allgemeinen Psychologie als »Hawthorne-Effekt« bekannt. Wenn Lehrer und Lehrerinnen wissen, dass »ihre« Schüler an Modellversuchen teilnehmen, werden sie möglicherweise engagierter unterrichten und den Kindern mehr Zuneigung und Interesse entgegenbringen. Dieser Effekt wird als »Pygmalion-Effekt« bezeichnet. Schließlich kann der Umstand, dass Kinder durch Musikunterricht eine größere Anzahl von Unterrichtsstunden haben und somit mehr Zuwendung erfahren, die Ergebnisse günstig beeinflussen, unabhängig davon, ob Musik oder beispielsweise Kunst, Ballett oder Sport unterrichtet wird.

Bereits in der Veröffentlichung von Klaus Ernst Behne (1995) wurden die bis 1994 durchgeführten Schulversuche gewürdigt. Eine vereinfachte Metaanalyse der größeren Studien zeigt, dass intensiver Musikunterricht positive Auswirkungen auf Sozialverhalten und Motivation der Schüler hat (z. B. Weber et al., 1993). Instrumentalunterricht scheint darüber hinaus geeignet, Aufmerksamkeit und Ausdauerverhalten positiv zu beeinflussen (z. B. Scott, 1992). Weniger klar ist die Aussage hinsichtlich der Steigerung intellektueller Fertigkeiten durch Musikunterricht, insbesondere, weil nicht in allen Studien unspezifische Effekte ausgeschlossen wurden.

Leider gilt dies auch für die vor zwei Jahren abgeschlossene Berliner Längsschnittstudie unter der Leitung von H. G. Bastian (2000), die hier exemplarisch etwas eingehender vorgestellt werden soll. Zu dieser auf sechs Jahre angelegten Studie wurden 130 Kinder in Modellschulen und 40 Kinder aus Kontrollschulen herangezogen. Die Kinder in den Modellschulen erhielten im Rahmen von musikbetonten Zügen einen 2-stündigen Fachunterricht in Musik, erlernten einzeln oder in Gruppen ein Instrument und musizierten in unterschiedlichen Ensembles. Der mittlere Intelligenzquotient wurde mit dem »Culture Fair Intelligence Test« (CFIT) erfasst. Dieser Test fragt im Wesentlichen Spearmans »Grundintelligenz« ab. Dabei wird geprüft, inwieweit Kinder die Fähigkeit haben, Regeln zu erkennen, Merkmale zu identifizieren und Wechsel der

Merkmale schnell wahrzunehmen. Ein erster Zwischentest ergab nach drei Jahren keinen signifikanten Unterschied zwischen den Modell- und den Kontrollgruppen (Bastian, 1997). Die Endauswertung zeigte nach vier Jahren (offenbar wurde der CFIT nicht über die ganze Dauer des Schulversuchs eingesetzt) ein besseres Abschneiden der Versuchsgruppe um 6 IQ-Punkte im Mittelwert.

Als weiterer Intelligenztest wurde eine Kurzform des »Adaptiven Intelligenz-Diagnostikums« eingesetzt. Dieser Test ist umfassender und untersucht Alltagswissen, schulisches Rechnen, Konzentrationsfähigkeit, Schnelligkeit in der symbolischen Informationsverarbeitung im manuell-visuellen Bereich, räumlich-zeitliches Denken, verbal-logisches Denken und soziales Erfassen und Reflektieren.

Die Gesamtauswertung dieses Tests erbrachte in der Endauswertung 1998, d. h. nach sechs Jahren Versuchszeit, keine signifikanten Unterschiede zwischen den Modellklassen und den Kontrollschulen. Auch hinsichtlich der Konzentrationsfähigkeit waren die Kinder der musikbetonten Züge den Versuchskindern nicht dauerhaft im Verlauf der Jahre überlegen. Als deutlicher Effekt wird eine Verbesserung des Sozialverhaltens in den musikbetonten Zügen beschrieben. So finden sich z. B. insgesamt weniger völlig ausgegrenzte Schüler. Darüber hinaus ist die musikalische Leistung der Kinder in den Schulen, die intensivierten Musikunterricht erhalten, tendenziell besser.

Insgesamt ist die Bilanz dieses Schulversuchs eher ernüchternd. Methodisch unbefriedigend bleibt, dass unklar ist, ob nicht allein unspezifische Faktoren, z. B. vermehrte Zuwendung etc. für die Effekte verantwortlich sind. Da eine echte Kontrollgruppe, die z. B. in einem anderen Fach, etwa Werken oder Malen, eine entsprechende Mehrzuwendung erfuhr, fehlt, kann daher streng genommen keine kausale Beziehung zwischen intensiviertem *Musik*unterricht und den beobachteten Effekten hergestellt werden. Vielleicht hätte intensiveres Basketballspiel die gleichen Auswirkungen. Schließlich wussten Lehrer, Schüler und Eltern, dass sie Teil eines großen Experiments waren; insofern sind hier die oben angesprochenen »Pygmalion«-Effekte zu erwarten. Gerechterweise muss allerdings an dieser Stelle gesagt werden, dass ein nach wissenschaftlichen Kriterien angelegter Doppel-Blind-Versuch (d.h. Versuchsleiter und Versuchspersonen wissen nicht, ob sie zur Musikgruppe oder zur Kontrollgruppe gehören) nicht durchführbar ist und dass auch ein »kontrolliertes« Design erheblichen Mehraufwand mit sich gebracht hätte. Eindeutige Transfereffekte für sprachliche, logisch-mathematische und räumliche Intelligenz finden sich in diesem Langzeit-Experiment nicht. Die Verbesserung der musikalischen Fertigkeiten ist bei intensiviertem Musikunterricht zu erwarten. Möglicherweise zeigen sich aber Transfereffekte hinsichtlich der sozialen Intelligenzen, das heißt eine positive Auswirkung von Musikunterricht auf Gardners inter- und intrapersonale Intelligenzen.

## *Musizieren als »Gehirnjogging«?*

Nicht alle Befunde sind so uneindeutig wie die Schulversuche mit intensiviertem Musikunterricht. Wenn wir systematisch den Stand der Forschung sichten, ergeben sich doch Hinweise darauf, dass bestimmte Gardner'sche Intelligenzfertigkeiten durch das Musizieren trainiert werden können. Beginnen wir mit der ersten Intelligenz Gardners, den linguistischen Fertigkeiten. Die Chinesin Agnes Chan und Mitarbeiter konnten 1998 nachweisen, dass Musiker über ein besseres Wortgedächtnis als Nichtmusiker verfügen. Hier ist allerdings anzumerken, dass die chinesische Sprache als tonale Sprache besonders »musiknah« ist und einige Besonderheiten aufweist. So dienen im Chinesischen Wortmelodien und Melodiekonturen der Übermittlung von Wortbedeutungen. Im indogermanischen Sprachraum scheint dieser Effekt auf das Wortgedächtnis nicht zu existieren. Allerdings sprechen neue Befunde dafür, dass Musikerziehung die Entschlüsselung der emotionalen Anteile in unseren Sprachen positiv beeinflusst. So zeigten Thompson und Kollegen im Herbst 2002, dass Kinder, die Klavierunterricht erhielten, den emotionalen Gehalt traurig, fröhlich, ängstlich und ärgerlich gesprochener Sätze sicherer erkennen konnten. Ähnliche, aber nicht ganz so positive Ergebnisse erzielten Kinder, die Schauspielunterricht erhielten, während Gesangsunterricht keine Auswirkung auf die Erkennensleistung des emotionalen Gehalts von Sprache hatte (Thompson et al., 2002).

Obwohl seit der Antike der Zusammenhang zwischen Musik und Mathematik immer wieder betont wird, liegen Untersuchungen, die einen Übertrag auf die logisch mathematische Intelligenz vermuten lassen, bislang noch nicht vor. Wir können nur vermuten, dass aktives Musizieren auch mathematische Fertigkeiten fördert, denn wer Fingersätze befolgt, sich mit Sechzehnteln, Triolen und Sieben-Achtel-Takt auseinander setzt, hat etliche mathematische Grundoperationen verinnerlicht.

Besser ist die Datenlage in Hinsicht auf die räumliche Intelligenz. Der »Mozart-Effekt«, auf den sich auch das eingangs wiedergegebene Zeitungszitat bezog, wurde erstmals 1995 beschrieben. Frances Rauscher ließ Studenten komplizierte zeitlich-räumliche Denkaufgaben lösen.

Zuvor hörten die Versuchspersonen 20 Minuten lang entweder die Klaviersonate in D-Dur für zwei Klaviere von Wolfgang Amadeus Mozart, minimalistische Musik (»Mixed«), oder sie warteten in einem stillen Raum (Silence). Interessanterweise waren Mozarthörer in der Lösung dieser Denkaufgabe deutlich überlegen. Besonders profitierten Testteilnehmer, die eingangs besonders schlechte Leistungen zeigten. Leider hielt der »Mozart-Effekt« aber nur ca. 20 bis 30 Minuten nach Abklingen der Musik an. Insgesamt tritt der Mozart-Effekt konstant auf, ist aber nur vorübergehend und schwach ausgeprägt. Vermutet wird heute, dass weniger ein spezifischer Effekt der Musik auf räumliche Verarbeitung zu Grunde liegt als vielmehr eine durch die vermittelte positive Stimmung verursachte unspezifische Zunahme der Durchblutung der rechten Großhirnhälfte, von der eben auch diese räumlich-zeitliche Denkleistung profitiert (Übersicht dazu bei Chabris, 1999). Schließlich ist der Effekt nicht auf die Musik Mozarts beschränkt, sondern kann auch durch zweitrangige Komponisten und auch durch das Anhören von Shakespeare-Sonetten ausgelöst werden. In einer Metaanalyse kommt Lois Hetland (2000) zu dem Schluss, dass der Mozart-Effekt in erster Linie von wissenschaftlichem Interesse ist und dass in keiner der vorliegenden Studien ein langfristiger Effekt von Musikhören auf eine Verbesserung des räumlichen Denkens gezeigt wurde.

Dass Musizieren die musikalische Intelligenz fördert, bedarf keiner Erläuterung und konnte auch in der Berliner Studie von Bastian überzeugend gezeigt werden. In Hinblick auf die Bewegungsintelligenz ist es nahe liegend, dass intensives Training der Feinmotorik am Instrument auch im Alltag nützlich sein kann. Ein herausragender Chirurg und Geiger wie der Brahmsfreund Theodor Billroth mag dafür ein gutes Beispiel sein, allerdings findet man auch viele Musiker mit den sprichwörtlichen zwei linken Händen im Alltag. Neue Befunde aus der Motorikforschung sprechen aber dafür, dass geübte Bewegungen tatsächlich auch außerhalb des geübten Zusammenhanges die motorischen Fertigkeiten verbessern (Hund-Georgiadis; v. Cramon, 1999; Altenmüller et al., 2002).

Kommen wir schließlich zu den beiden personalen Intelligenzen: Wer das Übezimmer verlässt und im Blockflötenkreis oder in der Bigband der Schule musiziert, braucht die Fähigkeit, andere Menschen ganz genau wahrzunehmen. Er muss auf sie eingehen, ihnen nachgeben, mitschwingen, taktvoll sein. Und wer mit Musik seine Gefühle anderen Menschen mitteilen möchte, muss sie vorher in sich selbst erforscht haben. Die Ergebnisse des Berliner Schulversuchs mögen zur Bestätigung hier herangezogen werden. Ein wissenschaftlicher Beweis im engeren Sinne mit Kontrolle der Faktoren »vermehrter Gruppenkontakt« und »Zuwendung« steht aber noch aus. Die von Gardner schließlich neu konzipierte »naturalistische Intelligenz« ist noch zu wenig untersucht, als dass man über Transferleistungen Aussagen treffen könnte.

Fasst man die kurz dargestellten Ergebnisse dieses Abschnitts zusammen, so finden sich nur in wenigen Bereichen harte Hinweise auf dauerhafte Transferleistungen. Die vielleicht überzeugendsten Befunde für positive Auswirkungen von Musikerziehung ergeben sich für die emotionale Wahrnehmung von Sprache, für die »emotionale Intelligenz« und für die sensomotorisch-kinästhetischen Leistungen. Auch wenn bislang im Ganzen also eine überraschend geringe Anzahl wissenschaftlich fundierter Beweise für einen Transfer von Musikerziehung und Musizieren auf andere Intelligenzleistungen existieren, sollte dies jedoch nicht unbedingt im Umkehrschluss als Argument gegen die Bedeutung von Musikerziehung für die kognitiven Fertigkeiten und die Persönlichkeitsentwicklung von Kindern und Jugendlichen eingesetzt werden. Eine Schwierigkeit der Transfer-Forschung besteht darin, dass in vielen Bereichen derzeit noch geeignete Testinstrumente fehlen, die man zum Messen von Transfereffekten benötigt. Wie etwa will man intrapersonale und interpersonale Intelligenz mit vertretbarem Aufwand messen? Wie sollen »kreatives Potenzial«, »Selbstvertrauen«, »langfristige Zielsetzung«, »ästhetisches Empfinden«, »emotionale Wärme«, in einer Langzeitstudie an schwer kontrollierbaren, hoch dynamischen und zahlreichen Einflussfaktoren ausgesetzten biologischen Systemen, nämlich an Kindern mit wissenschaftlicher Exaktheit erfasst werden? Und was wissen wir über die Späteffekte, die frühe Musikerziehung im Erwachsenenalter zeitigen kann?

Wir können an dieser Stelle diese Fragen nicht beantworten – und werden damit schließlich von der auf überprüfbarem Experiment, auf empirischen Daten und auf der Falsifikation von Hypothesen beruhenden Wissenschaft im Popper'schen Sinn im Stich gelassen. Und daher ganz zum Schluss ein gewissermaßen »vorwissenschaftlicher« Appell: Musik und Musizieren brauchen keine vordergründige Legitimation, denn hoffentlich niemand würde auf die absurde Idee kommen, Musik zu machen, um intelligent zu werden. Nein, Musik ist eine menschliche Notwendigkeit und ein Teil unseres Lebens. Musik ist ein wesentliches Mittel zur Kommunikation von Emotionen und zur Organisation zwischenmenschlicher Bindungen. Musik mag daher in der Evolutionsgeschichte von Homo sapiens einen wichtigen Beitrag zum »survival of the fittest« geleistet haben, denn sie stärkte die Gruppe bei Auseinandersetzungen mit anderen, konkurrierenden Hominiden-Arten (siehe dazu auch die Übersichten in Wallin et al., 2000). Heute gehört der Umgang mit Musik in unsere Gesellschaft, weil Musik eine der wenigen Möglichkeiten darstellt, Zugang zu den Dimensionen des Unsagbaren zu finden. In einer Welt der alles überflutenden medialen Geschwätzigkeit von Talkshows, Big Brothers und Reality-TV brauchen wir solche Reservate des nicht mit Worten Sagbaren, wir brauchen solche Schutzzonen der Emotion. Und es ist für uns Pflicht, unseren Kindern die Schlüssel für diese Reservate in die Hand zu geben!

Ulrich Gebhard

# Die Vertrautheit der Welt
# Zur Bedeutung kindlicher Naturbeziehungen

## *Vertrautheit und die Bedingtheit des Lebens*

Die Persönlichkeit des Menschen wird in vielen psychologischen Schulen als das Ergebnis der Beziehung zu sich selbst und zu anderen Menschen verstanden. In der jeweils aktuellen Persönlichkeitsstruktur verdichten sich nach dieser Auffassung die Erfahrungen mit sich selbst und den anderen. Die nichtmenschliche Welt – also die Welt der Gegenstände und Dinge – spielt in einem solchen zweidimensionalen Persönlichkeitsmodell keine oder jedenfalls nur eine untergeordnete Rolle. Wie wichtig feste Bezugspersonen für die Persönlichkeitsentwicklung in der (frühen) Kindheit sind, ist unbestritten. Die Erfahrungen, die Kinder in den ersten Lebensjahren mit vertrauten Bezugspersonen machen, bestimmen wesentlich die Persönlichkeit und auch, mit welcher Tönung und Qualität die Welt wahrgenommen wird. Erikson (1968) hat dafür den Begriff Urvertrauen eingeführt und bringt damit treffend zum Ausdruck, dass diese Vertrautheit etwas mit dem Vertrautwerden und dem Vertrauen zu tun hat, das wir im Kontext unserer primären Beziehung zu Menschen erfahren.

Diese grundlegende Bedeutung menschlicher Beziehungen soll überhaupt nicht angezweifelt werden, doch geht es mir hier in besonderer Weise um die Bedeutung der Dinge für die Konstituierung eines solchen »Urvertrauens«. Es geht dabei um den Gedanken, dass man die Vertrautheit der Welt auch (!) als das Ergebnis einer gelungenen Beziehung zur Welt der Dinge verstehen kann, dass unser Leben also im Sinne des Wortes »bedingt« ist. Ein Persönlichkeitsmodell, das dem Rechnung trägt, wäre gewissermaßen dreidimensional: Es berücksichtigt die Beziehungen zu sich selbst, zu anderen Menschen und zu den Dingen.

Dinge sind vor diesem Hintergrund nicht nur objektive Gegebenheiten, sondern auch Interaktionspartner; dadurch werden die Dinge zu Elementen eines persönlich gedeuteten Lebens und erhalten damit psychische Valenzen. Diese Valenzen haften symbolisch den Dingen an, und sie sind Ausdruck unserer Deutungsmuster gegenüber der Welt. In der Summe dieser Valenzen manifestiert sich unser Weltbild, und zwar nicht nur im Sinne einer neutralen Erklärung, sondern auch im Sinne des Ausdrucks einer emotionalen Beziehung. Die Welt wird vertraut auch (natürlich nicht nur) durch unsere Beziehung zu Dingen. Dieser Beziehungsaspekt ist im Hinblick auf die lebendige Natur grundlegend; er wird besonders offenbar in der animistisch-anthropomorphen Beseelung (s. unten S. 111 ff.) von Natur.

Die Repräsentierung von äußeren Objekten im inneren seelischen Geschehen ist ein aktiver (symbolischer) Prozess. Die seelischen Objektrepräsentanzen enthalten nicht lediglich das getreue Spiegelbild der äußeren Welt, sondern sind mit symbolischer Bedeutung, in der der besagte Beziehungsaspekt zu den Objekten verdichtet ist, aufgeladen und – das ist besonders wichtig – beeinflussen auf diesem Wege auch das eigene Selbst, sind mithin identitätsbildend. Die psychische Wirksamkeit von nichtmenschlichen Umweltelementen wird also wesentlich ermöglicht durch die symbolische Repräsentanz unserer Welterfahrung oder besser: Weltbeziehung. Dadurch bekommt die symbolische Valenz der nichtmenschlichen Welt eine wichtige Rolle. Indem wir zu den Dingen eine Beziehung haben, werden sie zu vertrauten Dingen. Die Vertrautheit der Dinge wird auf diese Weise zu einem Bestandteil unseres Weltbildes, das neben der Vertrautheit, die wir auch in der Beziehung zu anderen Menschen haben, die Qualität unseres Lebensgefühls, der Tönung unseres Weltbezugs (Urvertrauen) ausmacht. Analog zum Konzept der Bezugspersonen könnte man hier auch von »Bezugsdingen« oder von »Bezugsorten« sprechen (Hemmati-Weber, 1992).

Sigmund Freud formuliert in *Das Unbehagen in der Kultur* zum Verhältnis von Ich und Welt folgende für unseren Zusammenhang grundlegende Gedanken: »(Das) Ichgefühl des Erwachsenen kann nicht von Anfang an so gewesen sein. Es muss eine Entwicklung durchgemacht haben. [...] Ursprünglich enthält das Ich alles, später scheidet es eine Außenwelt von sich ab. Unser heutiges Ichgefühl ist also nur ein eingeschrumpfter Rest eines weit umfassenderen, ja – eines allumfassenden Gefühls, welches einer innigeren Verbundenheit des Ichs mit der Umwelt entsprach« (Freud, 1930, S. 424f.). Dieses Gefühl der umfassenden Verbundenheit mit der Welt nennt Freud ozeanisch. In der ganz frühen Entwicklung des Kindes gibt es in der traditionellen psychoanalytischen Entwicklungslehre eine Phase, in der das Kind noch nicht zwischen dem Selbst und den äußeren Objekten unterscheiden kann. Dieser Auffassung zufolge kann das Kind nicht zwischen Innen und Außen, Ich und Du, Subjekt und Objekt differenzieren, vielmehr muss man sich das subjektive Erleben als eine Fusion zwischen den genannten Faktoren vorstellen. Es handelt sich dabei um die frühkindliche primärnarzisstische Position, bei der das Kind sich mit den äußeren Objekten verbunden fühlt, womit freilich in dieser Version nur menschliche Objekte gemeint sind. Es muss allerdings darauf hingewiesen werden, dass in jüngster Zeit Zweifel an der Existenz einer solchen primären symbiotischen oder gar autistischen Phase geäußert wurden. Konkrete Säuglingsbeobachtungen (Zusammenfassung bei Dornes, 1993) zeigen, dass Kinder von Anfang an auf die Objekte der Welt ausgerichtet sind, ohne jemals vollständig mit ihnen verschmolzen gewesen zu sein.

Der Schizophrenieforscher Searles behauptet nun (im Anschluss an Piaget), dass die ursprüngliche – man müsste wohl hinzusetzen: relative – Einheit im subjektiven Erleben des Kindes nicht nur die primären Bezugspersonen betrifft, sondern alle Objekte, die nichtmenschliche Umwelt genauso wie die menschliche Umwelt. Das Neue an diesem Gedankengang ist grundlegend. Wenn es richtig ist, dass die Erfahrung, die das kleine Kind mit den primären Objekten macht, wesentlich die spätere Persönlichkeit, die Identität, das Lebensgefühl, das Urvertrauen (oder wie immer man es nennen mag) bestimmt, dann wird eben dieses Lebensgefühl auch von der Art und Qualität der nichtmenschlichen Umwelt geprägt sein. Der Anfang ist unsere Heimat, sagt Winnicott (1990), und damit ist sehr treffend der hier gemeinte Zusammenhang verdichtet.

Dieses basale Gefühl, diese »Vertrautheit der Welt« konstituiert sich aus der Erfahrung der gelungenen und als befriedigend erlebten Beziehung zu den primären Objekten: das sind Menschen, Gegenstände, Pflanzen, Tiere, Häuser, Landschaften, Steine usw. Es gibt auch den Wunsch, in diese Heimat zurückzukehren. In Bezug auf menschliche Objekte kennen wir das zum Beispiel aus Momenten der Verliebtheit; in Bezug auf nichtmenschliche Objekte kennen wir es beispielsweise aus intensiven Formen des Landschafts- und Naturerlebens.

In der Auseinandersetzung mit der nichtmenschlichen Welt lernt das Kind sich und seine Grenzen kennen und bezieht diese Erkenntnisse auch auf menschliche Beziehungen. Umgekehrt wird die nichtmenschliche Umwelt natürlich auch im Lichte der Erfahrung gesehen, die das Kind mit den menschlichen Bezugspersonen gemacht hat. Aneignung der nichtmenschlichen Umwelt ist zugleich Selbstaneignung. Menschliche und nichtmenschliche Umwelt bedingen sich gegenseitig; eine Umwelt, die im Sinne von Winnicott haltend ist, muss beide (haltende) Elemente umfassen. Es verwirklicht sich in jeder Aneignung von Dingen, von Wirklichkeit überhaupt, auch eine Möglichkeit der Subjekte (Kruse; Graumann, 1978, S. 185). Die Entwicklungspotenziale der Subjekte und die in den Dingen geronnenen Valenzen hängen dialektisch zusammen. Der von Lewin stammende Begriff Valenz scheint zu suggerieren, dass die Dinge Eigenschaften haben, die uns zu seelischer Aktivität auffordern. Man kann insofern von einer phänomenalen Kausalität von außen nach innen sprechen (Kruse; Graumann 1978, S. 187): Die Landschaft leuchtet, das Bild spricht mich an, der Blumenstrauß erfreut uns und die Sonne lacht und macht gute Laune. In phänomenologischer Perspektive ist das

Bewusstsein primär nicht bei sich, sondern bei den Dingen. Zu betonen ist freilich, dass solche und ähnliche Phänomene letztlich auf Beziehungserfahrungen des Subjekts mit Dingen und Menschen beruhen, dass also diese Phänomene eigentlich (sinnvolle) Interpretationen sind. So ist auch die Vertrautheit der Welt nicht eine Eigenschaft der Welt, sondern eine konstruktive Leistung jedes Einzelnen, ein Amalgam von gegenständlicher Wirklichkeit, dazugehörigem kulturellem und geistigem Gehalt und subjektiven Interpretationen. So ist die Vertrautheit der Welt Ergebnis einer gelungenen Beziehungs- und Interpretationsgeschichte zu Menschen und Dingen. Zum Gelingen dieser Geschichte könnte auch die Schule und überhaupt die Erziehung etwas beitragen.

## *Zur psychischen Funktion von Naturerfahrungen*

> Er [der junge Mensch] braucht deshalb seinesgleichen, nämlich Tiere, überhaupt Elementares, Wasser, Dreck, Gebüsche, Spielraum. Man kann ihn auch ohne das alles aufwachsen lassen, mit Teppichen, Stofftieren oder auf asphaltierten Straßen und Höfen. Er überlebt es – doch man soll sich dann nicht wundern, wenn er später bestimmte soziale Grundleistungen nie mehr erlernt, z. B. ein Zugehörigkeitsgefühl zu einem Ort und Initiative. Um Schwung zu haben, muss man sich von einem festen Ort abstoßen können, ein Gefühl der Sicherheit erworben haben (Mitscherlich, 1965, S. 24 f.).

Diese Zugehörigkeit, dieses in gewisser Weise heimatliche Gefühl, diese Sicherheit hat etwas mit der Vertrautheit der Welt zu tun, wie wir sie aus unserer Beziehung zur nichtmenschlichen Umwelt, zur Welt der Dinge abgeleitet haben. Nun soll genauer betrachtet werden, was das im Hinblick auf kindliche Naturbeziehungen bedeutet. Indem in diesem Abschnitt einige ausgewählte Beobachtungen und empirische Untersuchungen zu der Art des kindlichen Naturkontakts zusammengestellt werden, soll die Forderung nach einem naturnahen Lebensumfeld psychologisch fundiert und zugleich von einem romantisierend-unverbindlichen Beigeschmack befreit werden.

Otterstädt untersuchte 1962 den Spielraum von Vorortkindern in einer mittleren Stadt und fragte, welchen Spielraum Kinder benötigen, um ungehindert und harmonisch aufzuwachsen. Seine Ergebnisse fasst er folgendermaßen zusammen: »Freiheit, Ungebundenheit, das heißt keineswegs Zügellosigkeit, bedeutet dem spielenden Kinde alles in den entscheidenden Entwicklungsjahren zwischen 9 und 14 Jahren. Fehlt diese Freiheit, kommt es zu seelischen Verkümmerungen« (Otterstädt, 1962, S. 285). Leider sind diese Ergebnisse nur auf eine relativ kleine Untersuchungsgruppe gestützt, ein wichtiges Ergebnis ist jedoch – das findet sich auch in vielen späteren Untersuchungen –, dass der Wert von Naturerfahrungen wesentlich darin liegt, dass Kinder hier ein relativ großes Maß an Freizügigkeit haben und den Augen von Eltern und Erziehern entzogen sind.

Hart (1979) stellt aufgrund umfangreicher Untersuchungen in den USA einige zentrale Beobachtungen zusammen:

1. Kinder spielen relativ selten auf Spielplätzen.
2. Kinder benutzen die Gesamtheit der Landschaft, die ihnen zugänglich ist.
3. Die bevorzugten Umweltausschnitte sind sehr klein.
4. Am meisten sind die Flächen geschätzt, die von den Planern gewissermaßen vergessen wurden.
5. Kinder wollen sich ihren Freiraum oft selbst zurechtmachen.
6. Die Auseinandersetzung mit der Natur ist meistens eher sanft, ein Experimentieren und Erforschen. Ursprünglich ist also der Umgang mit der Natur eher pfleglich.

Der letzte Punkt ist pädagogisch durchaus von Bedeutung: Die Befürchtung (auch und gerade von Naturschützern), Kinder könnten durch impulsives und oft destruktives Handeln die eigentlich zu bewahrende Natur in ihrem Spiel zerstören, scheint vor diesem Hintergrund gesehen relativ gegenstandslos zu sein. Natürlich pflücken Kinder bisweilen Blumen (auch geschützte), reißen sich einen Stock von einem Baum, bauen sich Buden aus Zweigen. Die Natur hält diese Nutzung wohl aus. Die Zerstörung von Ökosystemen hat sicherlich andere Ursachen als das Kinderspiel. Umwelterziehung könnte also von einem entsprechend pfleglichen Umgang mit der Natur bei Kindern geradezu ausgehen; es käme eher darauf an, diese Haltung zu kultivieren, statt sie als Ziel abstrakt zu formulieren und damit die Kinder zu verfehlen.

In zahlreichen Untersuchungen zur Kleinkindentwicklung wird immer wieder hervorgehoben, wie wichtig eine möglichst vielfältige Reizumgebung ist; und das betrifft die nichtmenschliche Umgebung ebenso wie die menschliche. Neben dem Einfluss auf die Gehirnentwicklung trägt eine reizvielfältige Umwelt dazu bei, psychische Entwicklungsschritte anzuregen und zu fördern. Es ist wohl so, dass eine reizarme und auch eine reizhomogene Umwelt sich in mehrfacher Weise – nämlich die emotionale ebenso wie die kognitive Entwicklung betreffend – negativ auswirkt, wobei das Optimum »zwischen allzu homogenen und vertrauten Reizen einerseits und allzu fremdartigen (Furcht erregenden) Reizen andererseits« liegt (Oerter, 1973, S. 139). Eine naturnahe Umgebung, in der sowohl relative Kontinuität als auch ständiger Wandel besteht, ist nun zumindest ein sehr gutes Beispiel für eine derartige Reizumwelt, die eine Mittelstellung zwischen Neu und Vertraut einnimmt. Eine solche »reizvolle« Umgebung lädt ein zur Exploration, zur Erkundung, weil sie neu und interessant ist und eben zugleich vertraut. Dem Bedürfnis nach aktiver Orientierung kann man am besten in einem Zustand relativer Sicherheit und Geborgenheit nachgehen. In Großstädten gibt es zunehmend die paradoxe Situation, dass Kinder sowohl zu schwach als auch zu stark gereizt sind. Einerseits fehlt häufig eine reizvolle Spielumwelt (Brachen, soziale Knotenpunkte, Straßenspiel), andererseits kann man von einer Überreizung (Lärm, Verkehr, Medien etc.) in der Stadt sprechen, die auch häufig zu nervösen Symptomen führt.

Mit Berlyne (1969) könnte man das Kinderspiel in der Natur als »unspezifische Exploration« bezeichnen, eine Tätigkeit, die die Neuigkeit der Umgebung als Anlass zu explorativer Aktivität nimmt und damit zugleich Sicherheit und Vertrautheit herstellt. Im Anschluss an Sebba (1991) lassen sich die stimulierenden Erlebnisqualitäten, die (im Unterschied zur zivilisierten Umwelt) die Natur bietet, wie folgt zusammenstellen (vgl. Trommer; Noack, 1997):

- Gleichzeitige Vielfalt von Reizen durch wechselnden Wind, wechselnde Lichteffekte, wechselnde Temperaturen, Gerüche usw.
- Kontinuierlicher Wechsel der Reize über eine Skala von Tönungen von hell zu dunkel, trocken zu nass, warm zu kalt usw.
- Die Instabilität und Fragilität der natürlichen Umwelt verlangt Wachsamkeit und Aufmerksamkeit.
- Kontakt zu Lebendigem.
- Die Umrisse natürlicher Umgebung sind oft vieldeutig, unscharf, unendlich verschiedenartig und darum sehr gut geeignet, die Fantasie anzuregen.

In diesem Zusammenhang ist auch eine Studie von Yarrow et al. (Yarrow et al., 1975, S. 40 f. und S. 95 f.) von Interesse. Es wurde untersucht, mit welchen Dingen aus der physischen Welt Kleinkinder umgehen. Danach bevorzugen sie Dinge, die erstens erkennbar reagieren (»responsiveness«), zweitens komplex sind (»complexity«) und drittens eine hohe Varietät (»variety«) haben. Diese Kriterien werden, auch wenn das von Yarrow et al. nicht ausdrücklich betont wird, insbesondere von Naturphänomenen erfüllt.

In einer vergleichenden ethnographischen Studie beschreibt Tuan (1978), dass Kinder aller Kulturen im vorpubertären Alter ein ausgeprägt emotionales Verhältnis zu ihrer Umwelt entwickeln. Dieser Aspekt der »Vertrautheit der Welt« hat sicherlich auch etwas mit einer besonderen Bindung so etwas wie »Heimat« zu tun, wenn auch »Heimat« in diesem Zusammenhang nicht etwa eine nostalgische Reminiszenz an eine romantisch verklärte Kulisse bedeutet. Eher könnte man mit Bausinger (1980, S. 20) Heimat begreifen als »Nahwelt, die verständlich und durchschaubar ist, als

Rahmen, in dem sich Verhaltenserwartungen stabilisieren, in dem sinnvolles, abschätzbares Handeln möglich ist – Heimat also als Gegensatz zu Fremdheit und Entfremdung, als Bereich der aktiven Aneignung, der aktiven Durchdringung, der Verlässlichkeit.«

Es gibt jedenfalls Hinweise darauf, dass sich Menschen in der Landschaft, in der sie aufgewachsen sind, auch als Erwachsene noch besonders wohl fühlen. Cobb (1959) analysierte 300 Autobiographien von so genannten »creative thinkers« und fand dabei heraus, dass für diesen Personenkreis eine besondere Naturnähe in der mittleren Phase der Kindheit (ca. 5 bis 12 Jahre) ausgesprochen wichtig war. In dieser Zeit entstehe ein Bewusstsein und ein Sinn für die »dynamische Beziehung mit der äußeren Welt«, was immer wieder zur Quelle kreativer Prozesse werden könne. Die Erfahrung mit der natürlichen Welt sei wichtig, um eine gleichsam biologische Basis für Intuitionen zu entwickeln, weil nur die Erfahrung von Natur dem Kind erlaube, in Prozessen zu denken.

Moore und Young (1978) fanden in einer Analyse von Kinderzeichnungen heraus, dass Kinder Naturelemente emotional viel höher bewerten, als es der realen Häufigkeit in ihrer jeweiligen Umgebung entspräche. Aber nicht nur die Häufigkeit von Naturelementen, auch der zentrale Stellenwert, den Naturphänomene für Kinder haben, ist an Kinderbildern ablesbar. Besonders deutlich wird dies im Falle zerstörter Natur (Unterbruner, 1991).

Ein häufig verwendetes Argument für den Wert von Naturerfahrungen in der Kindheit sind entsprechend positiv getönte Kindheitserinnerungen von Erwachsenen: Hierin sind nämlich Naturelemente deutlich überrepräsentiert. Inwieweit jedoch solche Kindheitserinnerungen von Erwachsenen als Beleg für die These, dass Naturerfahrungen von besonderem Wert für Kinder seien, herangezogen werden können, scheint fraglich: Hier wird eine romantisierende Verklärung der Erwachsenen sowohl der Kindheit als auch der Natur zumindest im Spiel sein.

Als Zwischenbilanz kann man sagen, dass natürliche Strukturen in der Tat eine Vielzahl von Eigenschaften haben, die für die psychische Entwicklung gut sind: Die Natur verändert sich ständig und bietet zugleich Kontinuität. Sie ist ständig neu (z. B. der Wechsel der Jahreszeiten) und doch bietet sie die Erfahrung von Verlässlichkeit und Sicherheit: Der Baum im Garten überdauert die Jahre der Kindheit und steht so für Kontinuität. Die Vielfalt der Formen, Materialien und Farben regt die kindliche Fantasie an, sich mit der Welt und auch mit sich selbst zu befassen. Das Herumstreifen in Wiesen und Wäldern, in sonst ungenutzten Freiräumen kann auch irrationale Sehnsüchte nach »Wildnis« und Abenteuer befriedigen.

So besteht der psychische Wert von »Natur« auch in ihrem eigentümlichen, ambivalenten Doppelcharakter: Sie vermittelt die Erfahrung von Kontinuität und damit Sicherheit und zugleich ist sie immer wieder neu. Auch in der Anthropologie geht man davon aus, dass es beim Menschen zum einen den grundlegenden Wunsch nach Vertrautheit und zum anderen ein ebenso grundlegendes Neugierverhalten gibt. Auch wenn man ein »Naturbedürfnis« des Menschen natürlich nicht gleichsam als anthropologische Konstante formulieren kann, so kann man insgesamt sicherlich sagen, dass die »Natur« den eigentlich widersprüchlichen Forderungen nach sicherer Vertrautheit einerseits und ständiger Neuigkeit andererseits sehr gut entspricht.

Jedoch ist zu fragen, ob diese Bedürfnisse notwendig durch Naturkontakte befriedigt werden müssen. Zwar ist nicht zu bestreiten, dass Kinder gern in der Natur spielen, allerdings kann man fragen, ob dafür der Hauptgrund in einer besonderen Naturnähe zu suchen ist. Möglicherweise könnten auch Schrottplätze oder Baustellen dieselbe Funktion erfüllen. Holcomb (1977) kam bei einer Befragung vierjähriger Kinder zu folgenden Ergebnissen:

Beim Ordnen und Sortieren von Bildern sind Naturphänomene kein Kriterium; die Kinder achten auf ganz andere Dinge. Ob auf den Bildern Naturszenen dargestellt sind, scheint keine Rolle zu spielen. Die Kinder wissen jedoch, dass Häuser, Straßen, Autos usw. von Menschen hergestellt wurden, Berge, Bäume (auch die Bäume der Stadt) und Tiere aber nicht. Bei den Lieblingsplätzen der Kinder handelt es sich hauptsächlich um von Menschen geschaffene Orte. Selbst der Strand ist nur deshalb so beliebt, weil es dort Eiscreme gibt. Holcomb bringt dieses Ergebnis damit in Zusammenhang, dass sich Kinder in kultivierten und damit auch gesicherten Umwelten freier bewegen dürfen. Auch hier haben wir das Ergebnis, dass Kinder Orte bevorzugen, in denen sie sich frei bewegen können; das kann, muss aber nicht Natur sein. Für vierjährige Kinder ist dieser Untersuchung zufolge also ein Wald genauso faszinierend wie ein Straßenzug. Natürlich ist dies altersabhängig: Ältere Kinder und auch Erwachsene haben es schwerer als kleine Kinder, z. B. in einer Straßenpfütze einen kleinen See zu sehen. Holcomb mutmaßt, dass die Forderung nach möglichst viel Natur für Kinder eigentlich ein erwachsener Wunsch sei, der freilich projektiv auf Kinder übertragen werde.

Johannsmeier (1985) führte in einem Kindergarten mit drei- bis sechsjährigen Kindern in einer längeren Periode Befragungen durch, die v. a. dem kindlichen Verhältnis zu Pflanzen galten. Als Spielort in der Natur ist der Privatgarten nur von jüngeren Kindern favorisiert. Bedeutsamer sind die Flächen vor den Wohnhäusern. Freilich gibt es hier erhebliche Restriktionen. Oft ist das Spielen auf den Grünflächen vor den Wohnhäusern verboten. So spielen die Kinder meist auf Steinflächen, ältere Kinder weichen auch auf Brachflächen aus. Spielplätze werden nur manchmal genutzt. Neben Pflanzen (auf Bäume klettern, Buden bauen usw.) werden an sonstigen Elementen Wasser, Sand und Erde bevorzugt, wobei das Wasser zum Matschen infolge elterlicher Verbote meist fehlt. Insgesamt zeigt auch diese Studie, dass Kinder die Natur zumindest nicht ausgesprochen bevorzugen. Natürlich gibt es auch hier Lieblingstätigkeiten bzw. -plätze, allerdings kann das die Wiese und der Wald genauso wie die Straße sein. Die Untersuchung zeigt auch, dass für Kinder an der Natur nicht beispielsweise die Farbenvielfalt der Blumen oder das Rauschen der Gräser interessant ist, sondern die Tatsache, dass man hier unbeaufsichtigt spielen kann. Das lässt sich auch mit vielen anderen Befunden in Übereinstimmung bringen. Der Wert von Natur liegt im Wesentlichen darin, dass Kinder hier ein relativ hohes Maß an Freizügigkeit haben, zugleich relativ aufgehoben sind und zudem Bedürfnissen nach »Wildnis« und Abenteuer nachgehen können. Damit sind andere Funktionen von Naturerfahrungen nicht gegenstandslos geworden. Doch vielleicht entfaltet sich der Wert von Naturerfahrungen nur oder zumindest gerade erst in relativer Freizügigkeit; die Spannweite von Naturerfahrungen zwischen Kontinuität und ständig Neuem kann nicht unter Aufsicht erfahren, sondern muss wohl in kleinen, aber selbstständigen Schritten erschlossen werden.

## *Brache als Spiel- und Erlebnisraum*

> »Wir sind so gern in der Natur, weil diese keine Meinung über uns hat.« (Friedrich Nietzsche)

Ein wesentlicher Wert von Naturerfahrungen besteht also in der Freiheit, die sie vermitteln (können). Angesichts der Verplanung des kindlichen Zeitbudgets und der so genannten »Verinselung« des kindlichen Lebensraumes trifft dies umso mehr zu. Naturnahe Spielorte scheinen Situationen für Kinder bereitzuhalten, bei denen viele kindliche Anliegen nebenbei und ohne pädagogisches Arrangement ausgelebt werden können. So müsste es (nicht nur für Kinder) mehr ungeplanten Raum in den Städten geben. Solche Brachflächen sind nämlich automatisch relativ naturnah und kommen so auf doppelte Weise dem Bedürfnis nach Freizügigkeit entgegen. Bei aller Kritik an städtischen, naturfernen Lebensverhältnissen darf jedoch auch nicht übersehen werden, dass natürlich die Stadt durchaus auch fördernde, kultivierende und anregende Wirkungen haben kann.

Viele Untersuchungen zeigen, dass Kinder auf Spielplätzen relativ selten spielen. Viel beliebter sind »verbotene Räume« wie beispielsweise Baustellen, Hinterhöfe, Bahndämme und Ruinen, wo die Möglichkeit zu unbeobachtetem Spiel besteht. Freilich liegen die Wünsche und der tatsächliche Aufenthaltsort weit auseinander. Untersuchungen zum Erlebniswert von Brachflächen zeigen, dass Brachflächen als »natürlich, wild, vielfältig, abenteuerlich, abwechslungsreich, interessant« (Nohl; Scharpf, 1976, S. 8) eingeschätzt werden, dass jüngere Menschen insgesamt Brachflächen positiver als ältere Menschen beurteilen (vgl. Job, 1988, S. 473), dass Menschen aus der Großstadt Brachflächen mehr schätzen als die Landbevölkerung und schließlich, dass Frauen Brachflächen noch positiver beurteilen als Männer. Diese Daten beziehen sich auch auf Erwachsene. Daraus ableitbare Forderungen nach mehr ungeplanten Flächen auch in der Stadt sind nicht neu. Allerdings wird psychischen Bedürfnissen bei der Ausgestaltung der (städtischen) Umwelt kaum Rechnung getragen. Zu sehr gelten (noch) in der Städteplanung andere Prioritäten (Ökonomie, Verkehr, vordergründige Ästhetik), obwohl in den Städten jedenfalls teilweise durchaus hinreichend Raum vorhanden wäre. Vielleicht entspricht die Vernichtung von Brachflächen die »äußere Flurbereinigung« auch einer »inneren Flurbereinigung«, durch die die seelische Entwicklung besser kontrollierbar wird. Verbote, Vorschriften, ästhetische Repräsentationsflächen, beobachtbare und kontrollierbare Spielplätze schaffen so eine absurde Situation: Die Kinder hätten eigentlich die Erfüllung ihrer Bedürfnisse direkt vor Augen, zum Greifen und Erleben nahe; sie müssen aber noch zusätzlich lernen, auf die Befriedigung ihrer Bedürfnisse im Angesicht der Erfüllungsmöglichkeiten zu verzichten. Diese psychische Leistung dürfte durchaus ein wichtiges Element bei der Sozialisation der Innenwelt sein; die Durchorganisierung der äußeren Natur findet so eine sehr passende Entsprechung in der organisierten Beherrschung innerer Bedürfnisse bei den Angehörigen der Industriegesellschaft. So beschreibt Norbert Elias den »Prozess der Zivilisation« genau in dieser Hinsicht: »Die Entwicklung, die zu einer sachgerechteren Erkenntnis und zu einer wachsenden Kontrolle von Naturzusammenhängen durch Menschen führte, war also, von einer anderen Seite her betrachtet, zugleich auch eine Entwicklung zu größerer Selbstkontrolle des Menschen« (Elias, 1976, Bd.1, S. LVIII).

Erst relative Freizügigkeit ermöglicht es, sich die Natur wahrhaft anzueignen. Diese Wirkung von Natur tritt nämlich nebenbei ein. Der Naturraum wird als bedeutsam erlebt, wo man eigene Bedürfnisse erfüllen, eigene Fantasien und Träume schweifen lassen kann und der auf diese Weise eine persönliche Bedeutung bekommt. Allerdings ist auch auf die Gefahr hinzuweisen, dass »Natur« auf diese Weise vielleicht allzu umstandslos in einen unverbindlichen Freizeitbereich verbannt wird, in dem die Naturbedürfnisse von Kindern wie von Erwachsenen sozusagen ersatzweise erfüllt werden. Trotz dieses Einwandes ist jedoch mit der Forderung nach naturnahen Freiräumen auch oder gerade in der städtischen Umwelt die Hoffnung verbunden, »relative Freiräume gegenüber den Zwängen der aktuellen Kultur und Gesellschaft zu sichern, Freiräume, die nicht nur entlasten, sondern auch helfen, die autonomen Sichtweisen und Verhaltensweisen zu entwickeln, aus denen aktive Eingriffe in die Gesellschaft und Kultur entstehen können« (Bahrdt, 1974, S. 167).

Auch pädagogisch sind diese Überlegungen bedeutsam. Es ist eben der Freiraum, der die Natur für Kinder so attraktiv macht. Positive Wirkungen von Naturerfahrungen entfalten sich nicht so ohne weiteres, wenn Natur verordnet wird, wenn Naturorte allzu umstandslos zu Lernorten gemacht werden. Naturnähe ist oft schon da, sie braucht mehr das Interesse der Erwachsenen und die großzügige Gewährung als die allzu pädagogische und didaktische Geste. Auch die in letzter Zeit etwas in Mode gekommenen »Übungen« zum Naturerleben müssten insofern in dieser Hinsicht zumindest überdacht werden. Wenn die Pädagogik alles didaktisch oder pädagogisch besetzt – auch mit guter oder kritischer Absicht –, besteht zumindest die Gefahr, dass Kinder keinen eigenen Zugang zur Wirklichkeit finden oder er ihnen sogar verbaut wird. Ariès verweist in der *Geschichte der Kindheit* auf den »langen Prozess der Einsperrung der Kinder …, der bis in unsere Tage nicht zum Stillstand kommen sollte und den man als Verschulung … bezeichnen könnte« (Ariès, 1975, S. 48). Der letzte Schritt in dieser Entwicklung wäre es dann, wenn auch noch die so genannten »wilden Freiräume« zum Einsperren ge- bzw. missbraucht würden.

Mit »reiner« Naturerfahrung, mit einer abwechslungsreichen Umwelt allein ist es natürlich auch nicht getan, zumal »Grundbedürfnisse« beim Menschen stets in Verbindung bzw. gekoppelt an soziokulturelle Bedingungen auftreten. Das gilt auch für das »Bedürfnis nach Natur«. Hinzu muss sicherlich auch eine sozial bzw. personal anregende Umwelt kommen. Die Dinge der Natur bekommen erst eine Bedeutung innerhalb der Beziehung zu lebendigen Menschen. Die Vertrautheit der Welt ist stets Ausdruck der Vertrautheit sowohl mit Menschen als auch mit Dingen.

Dass die Erfahrung von Natur mit der Beziehung zu Menschen verknüpft ist, gilt wohl insbesondere für kleinere Kinder, die personale Beziehung und damit Geborgenheit brauchen, um sich auf die Dinge der Welt, auf die Natur zubewegen zu können. Margaret Mead zeigt in einer ethnologischen Feldstudie über die Manus in Neu-Guinea, dass die Kinder dort zwar in einer geradezu sehr anregenden natürlichen Umwelt aufwachsen, jedoch diese nur wenig nutzen können und geradezu apathisch werden, weil die Erwachsenen ihnen sehr wenig personale Zuwendung und damit Anregung geben (Mead, 1966). Die Welt, in die das Kind hineinwächst, ist zudem nie eine rein natürliche; sie ist immer schon (jeweils historisch verschieden) menschlich bzw. durch menschliche Perspektive getönt. Die Elemente der nichtmenschlichen Umwelt erhalten nur innerhalb und durch menschliche Beziehungen Bedeutung und Sinn. Die Dinge, auch Naturphänomene, haben keine Bedeutung »an sich«. Die Bedeutung konstituiert sich vielmehr in menschlichen Interaktionsprozessen und in der Auseinandersetzung mit den »Objekten« zugleich. Auch die subjektive Bedeutung der bzw. die Beziehung zur Natur lässt sich nicht von der Beziehung zu Bezugspersonen trennen. Die Tönung, die die Beziehung zu den Dingen erhält, spiegelt auch die Tönung wider, die in der Beziehung zu Bezugspersonen gelegen hat. Dazu sind natürlich Bezugspersonen in gewisser Weise auch Vorbilder für die

Kinder. So überträgt sich innerhalb der Beziehung zwischen Kind und (beispielsweise) Mutter die Bedeutung, die die Dinge, auch die Dinge der Natur, für die Mutter haben. So werden nicht nur die Dinge zu symbolischen Merkzeichen der Beziehung zu den primären Bezugspersonen, sondern die Bedeutung und die Wertigkeit, die die Dinge für die Eltern haben, überträgt sich auf diese Weise in frühkindlichen Szenen auf die jeweils nächste Generation. Die Einstellungen und Wertmaßstäbe der Eltern offenbaren sich u. a. in der häuslichen Wohnumwelt und prägen insofern das Wahrnehmungsmuster der Kinder. Wie die Eltern mit Nachbarn umgehen, welche Bilder an der Wand hängen, ob und wie Zimmerpflanzen gepflegt werden, ob es Haustiere gibt, wie mit »Ungeziefer« umgegangen wird – in solchen und ähnlichen Szenen zeigt sich das jeweilige Verhältnis zur Natur.

Die dinglichen und die personalen Erfahrungen gehören also wechselseitig zusammen. Isolierte Naturerfahrungen wären, so wichtig sie sind, für sich allein genommen, seelenlos, eine trügerische und folgenlose Idylle.

## *Beseelung der Natur*

Zunächst ein Beispiel aus einer Diskussion von zehnjährigen Kindern (4. Klasse) über Pflanzen:

*Maria:* *Wir können uns wehren und wegrennen, und die Bäume stehen da, hilflos, und können nur die Äste bewegen im Wind, aber sie können sich nicht wehren und dir mit dem Ast eine ditschen. Das Einzige, was ihr Glück wäre, dass dich jemand dort erwischt und dem das nicht recht ist, und der jagt dich dann. Aber die Bäume können sich nicht wehren. Wir warten auch nicht voller Glück und sagen: »Oh schön, da kommt ein Mörder und will mich ermorden.« Die Bäume sehen das mit an, und ein Baum hat auch Angst.*

*Albert:* *Ein Baum ist so wie ein Blinder, der gefesselt ist, der nicht hören kann.*

*Maria:* *...nicht hören und nicht sehen. Ja, ein Baum kann höchstens fühlen. Gerade das Fühlen, ein Baum spürt ja auch Schmerz. Hören kann ein Baum vielleicht gerade noch, aber riechen kann er nicht.*

*Daniel:* *Woher willst du das wissen?*

*Maria:* *Ich bin mir da ziemlich sicher, aber fühlen kann er klar.*

*Daniel:* *Ja, aber woher willst du wissen, dass er nicht gucken kann und hören?*

*Maria:* *Das macht es sogar noch schlimmer, wenn ein Baum sehen würde, wenn er abgeholzt würde.*

*Albert:* *Das will ich nicht sehen.*

Nicht nur Kinder beseelen häufig ihre Umwelt. Dabei haben Naturwesen, vor allem Tiere, aber auch Pflanzen, eine besondere Bedeutung. In der Verhaltensforschung werden solche Beseelungen (mit guten Gründen) als so genannte Anthropomorphismen (Vermenschlichungen) kritisch betrachtet. Aus psychologischer und pädagogischer Perspektive allerdings ist die Tatsache, dass Tiere, Pflanzen und auch Sachen subjektiv beseelt werden können, als eine beziehungstiftende Fähigkeit zu verstehen, die mit dem verhaltensbiologischen Verdikt des Anthropomorphismus nicht abgetan ist. In anthropomorphen Weltdeutungen offenbart sich nämlich nicht nur eine kognitive Interpretation der Welt, sondern zugleich auch eine affektive Beziehung zu ihr. Die nicht selten erhobene Forderung, dass Anthropomorphismen möglichst schon während der Grundschulzeit abzubauen seien, muss insofern revidiert werden. Dabei wird nicht die verhaltensbiologische Position in Frage gestellt, dass Tiere ein je arteigenes, eben nichtmenschliches Verhaltensrepertoire haben, das es zu beachten bzw. auch zu achten gilt, vielmehr werden die psychologischen Bedingungen reflektiert, die dem anthropomorphen Denken zugrunde liegen.

Das anthropomorphe Denken gehört zu dem Komplex, den Piaget »animistisches Denken« genannt hat. Er meint damit eine kindliche Haltung gegenüber der Welt, die davon ausgeht, dass die äußeren Objekte (d.h. Menschen, Tiere, Pflanzen, Steine, Gebrauchsgegenstände usw.) so ähnlich oder gar gleich sind wie das Kind selbst. Animismus ist danach die »Tendenz, die Körper als lebendig oder mit Absichten ausgestattet zu betrachten« (Piaget, 1978, S. 143). Die Dinge werden also »beseelt«, wobei die Erfahrung der eigenen Gefühlshaftigkeit und Intentionalität auf andere Objekte projiziert wird. Es handelt sich dabei um das Weltbild des egozentrischen Kindes, das so auf eine ihm gemäße Weise die Welt systematisiert und deutet.

Der Begriff Animismus kommt aus der Ethnologie, wo er das Weltbild archaischer Kulturen kennzeichnet, in denen ebenfalls nichtmenschliche Objekte mit Geist, Absichten und Persönlichkeit ausgestattet werden. Die Ausgangsüberlegung von Piaget ist die Annahme, dass auch bei Kindern eine ähnliche Haltung gegenüber der Welt zu beobachten sei, die erst später – etwa bis zur Zeit der Pubertät – von einer rationalen Weltsicht überlagert werde. Piaget untersuchte Kinder in Alter von 3 bis 13 Jahren und stellte eine charakteristische, in Phasen verlaufende Abnahme der animistischen Denkweise fest. Die Erfahrungen mit sich und der Welt werden verallgemeinert und auf die Umwelt ausgedehnt oder – wie Freud (1912/13, S. 112) es formuliert – »Strukturverhältnisse der eigenen Psyche« werden »in die Außenwelt verlegt«. Dieses erste Weltbild des Kindes wird allerdings mit der Wirklichkeit konfrontiert und so in einem fortschreitenden Entwicklungsprozess korrigiert. Bei Piaget ist das die Entwicklung vom frühkindlichen Egozentrismus zur realitätsgerechten Erkenntnis, d. h. auch Anerkenntnis der äußeren Welt.

Dass Kinder noch keine feste Grenze zwischen den Dingen der äußeren Welt und dem eigenen inneren Erleben ziehen, entspricht auch Annahmen der Psychoanalyse (s. o.). Die psychische Repräsentanz von äußeren Nicht–Ich–Objekten ist auch hier ein wesentlicher Reifungsschritt. Da jedenfalls zu Anfang dieser Entwicklung ichbezogene, subjektive seelische Anteile und die äußere Welt in der Vorstellung noch nicht klar getrennt sind, können sich Innen und Außen auch gegenseitig beeinflussen. Das Kind fühlt sich somit einerseits als ein allmächtiger »Magier«, der über seine Wünsche und Gedanken das Schicksal der Außenwelt lenken kann (z. B. »Wenn ich aufesse, gibt es morgen gutes Wetter.«). Auf der anderen Seite haben auch die Dinge der Außenwelt Wesenszüge der seelischen Innenwelt. Natürlich nehmen die Gegenstände auf diese Weise quasi menschliche Gestalt bzw. Eigenschaften an; die Welt wird von einem egozentrischen Standpunkt aus magisch-anthropomorph interpretiert. Alles ist so wie ich: Die Sonne scheint, weil sie lieb ist, der Tisch ist böse, weil er mich gestoßen hat, und wenn jemand pustet, fliegt der Schmerz weg.

Natürlich löst sich die animistische und anthropomorphe Denkweise nicht plötzlich mit etwa 12 Jahren in Luft auf. Es ist wohl im Gegenteil eher davon auszugehen, dass es das animistisch-magische Denken in allen Altersstufen gibt, ja, dass auch bei Erwachsenen nur eine »dünne Schicht vor dem Magischen« (Vincze; Vincze, 1964) besteht. Zugespitzt könnte man sagen, dass es zum historischen Programm der Naturwissenschaften und natürlich auch des naturwissenschaftlichen Unterrichts gehört, diese dünne Schicht zu stärken.

So sind in die Pädagogik, vor allem in die naturwissenschaftliche Fachdidaktik diese Zusammenhänge mit zwei bemerkenswerten Modifikationen eingegangen: Zum einen nimmt man an, dass der animistische Zug im kindlichen Denken mit Beginn der Grundschulzeit geradezu »verblüffend« abnehme; und außerdem wird der Abbau des animistischen bzw. anthropomorphen Denkens bisweilen geradezu als Erziehungsaufgabe der Schule begriffen.

In eigenen Untersuchungen (Gebhard et al., 1997) stellten wir in Gesprächen mit Kindern verschiedener Altersstufen fest, dass anthropomorphe Sichtweisen gegenüber Tieren und auch gegenüber Pflanzen geradezu hartnäckig verteidigt werden. Darüber hinaus scheint es so zu sein, dass Anthropomorphismen bei ethischen Argumentationen gegenüber Pflanzen und Tieren eine zentrale Rolle spielen.

Die animistische Denkhaltung wird natürlich durch bestimmte Darstellungsweisen von Tieren und Pflanzen in den Medien (z. B.

Trickfilme) und auch durch spezifische Eigentümlichkeiten der Sprache (»Die Sonne geht auf.«) eher verstärkt. Neuere Untersuchungen bestätigen die Relativität zumindest der Altersangaben von Piaget und zeigen die Beeinflussbarkeit der animistischen und anthropomorphen Denkweise. Die pädagogischen Bemühungen vor allem seit den sechziger Jahren werden nun in der Tat eine Abnahme animistisch-anthropomorpher Vorstellungen bewirkt haben. Das passt übrigens durchaus in die Entwicklungstheorie von Piaget. Danach kommt ja die animistische Denkweise nicht etwa aufgrund einer endogenen Reifungsdynamik zu Beginn der Pubertät zum Erliegen, sondern durch einen stetigen Lernprozess, durch direkten Kontakt mit den äußeren Dingen der Welt. Natürlich sind dabei nicht nur die äußeren Dinge der Welt bedeutsam, sondern wesentlich auch die jeweiligen kulturellen Gegebenheiten und Vorgaben, die durch die Erziehung vermittelt werden. Sehr deutlich zeigt sich das in einer Studie zum Animismus in nichtwestlichen Kulturen, in der die Befunde von Piaget gerade nicht bestätigt werden konnten (Jahoda, 1958).

Es geht also vorwiegend um ein affektives Band zwischen Ich und Welt, das in animistischen Deutungen seinen symbolischen Ausdruck findet. Die animistisch-anthropomorph getönte Beziehung zu den Dingen der Welt, also auch zu Pflanzen und Tieren, kann in eine symbolische Beziehung verwandelt werden, in der die Spuren animistischer, anthropomorpher Weltinterpretation noch enthalten sind, die aber nicht im Gegensatz zu objektiver Erkenntnis stehen muss. Portmann (1960, S. 38 f.) spricht in einem anderen Zusammenhang von einer primären und einer sekundären Welt- und Naturauffassung. Der Mensch eignet sich nämlich die Umwelt bzw. Außenwelt auf zwei Weisen an: Bei der »Objektivierung der Außenwelt« handelt es sich um die Entwicklung sozusagen »richtiger« bzw. objektiver Erkenntnis im Dienste der Anpassung an die sachlichen Bedingungen der Umwelt. Bei der »Subjektivierung der Umwelt« handelt es sich dagegen um die Entwicklung emotionaler Beziehungen zu den Objekten und um den Aufbau symbolischer Ordnungen. Die Umwelt erhält so eine subjektive, individuelle Bedeutung (vgl. Boesch, 1978). Beide Bezüge zur Welt sind gleichermaßen für den Menschen wichtig.

Teile der Außenwelt werden zu symbolischen Repräsentanten der Innenwelt gemacht; damit werden sie zu Elementen des individuellen Lebens und notwendigerweise auch verpersönlicht. Objekte der Außenwelt haben nicht nur eine Bedeutung als objektive Gegebenheiten, die natürlich nur auf dem Wege rationaler Objektivierung erkannt werden können, sondern auch eine symbolische Bedeutung, in der persönliche Erfahrungen und Beziehungen zusammenfließen. Animistische Vorstellungen sind insofern nicht notwendig Realitätsverkennungen bzw. das Ergebnis mangelhaften Wissens, sondern ein komplementärer, symbolisierender Zugang zur Realität.

Pädagogisch sind diese Zusammenhänge höchst folgenreich: Ein gewichtiges Argument für den Abbau der Anthropomorphismen lautet, dass ein unreflektierter Anthropomorphismus leicht die Tendenz zu einem anthropozentrischen Weltbild in sich birgt. Die Menschheit muss wohl in der Tat »erwachsen« werden, muss diese »infantile« Position überwinden, muss sich – um mit Piaget zu reden – dezentrieren, muss lernen, die äußere Realität nicht nur selbstbezogen zu sehen. Ein Bezug zur ökologischen Krise liegt auf der Hand. Bezogen auf die egozentrische Komponente ist die Forderung nach Abbau von Anthropomorphismen bedenkenswert.

Aber es gibt auch eine andere Seite: Die Beziehung, die affektive Seite des anthropomorph-animistischen Denkens, kann nämlich durch einen umstandslosen Abbau der Anthropomorphismen auch mit zerstört oder zumindest eingeschränkt werden. Im Umgang mit den Anthropomorphismen lauern zwei Gefahren: einerseits in einem radikalen Egozentrismus zu verharren und damit zu einem offenbar destruktiven Anthropozentrismus zu kommen; andererseits durch eine radikale Aufgabe der animistischen, affektiven und subjektivierenden Komponente die Welt sozusagen zu entseelen. Am Ende beider Wege stünde das Gleiche: nämlich die Gefahr der Zerstörung, einmal durch Egoismus, das andere Mal durch Gleichgültigkeit.

Es ist also eine gefährliche pädagogische Haltung, die animistisch-anthropomorphe Interpretation von Naturphänomenen voreilig als eine infantile, eigentlich zu überwindende Sicht abzuqualifizieren. Es gilt, die Spannung zwischen beiden Seiten – der rational-naturwissenschaftlichen einerseits und der animistisch-anthropomorphen andererseits – auszuhalten, ohne sich auf die eine Seite zu schlagen und die jeweils andere dabei auszugrenzen. Hierauf zielt auch meine Kritik an der Forderung nach Abbau der Anthropomorphismen, nämlich dass in ihr die Aufforderung steckt, den Beziehung stiftenden, affektiven Anteil der anthropomorph-animistischen Herangehensweise an Naturphänomene entweder zu verdrängen oder bei anderen Gelegenheiten zu realisieren. Es wäre wichtig, die unbewussten Teile unseres Seelenlebens als eine schöpferische Potenz zu betrachten und sie nicht als irrationale, realitätsinadäquate, kindliche Perspektive zu denunzieren. Es gilt, beide Wege gleichzeitig zu beschreiten. Dass das bereits Vorschulkinder können, zeigen die oben erwähnten neueren Studien, wonach Kinder über ein erstaunliches Wissen in Bezug auf verschiedene Naturphänomene verfügen, dass dieses Wissen aber einem in gewisser Weise spielerischen Animismus keinen Abbruch tun muss (vgl. Mähler, 1995). Kenntnisse über Natur (also Objektivierung) und symbolische Beseelung (also Subjektivierung) schließen einander nicht aus und das natürlich nicht nur bei Kindern. Im Gegenteil: Die Subjektivierung und der Animismus sind keine spezifisch kindliche »Eigenschaft« – allerdings kann es sein, dass Kinder noch zwangloser zwischen Realität und Fantasie, zwischen Subjektivierung und Objektivierung, zwischen Symbol und »Tatsache« hin und her pendeln können. Diese Fähigkeit darf man nicht unterhöhlen.

Friedrich Nietzsche formulierte in genialer Zuspitzung das Programm wissenschaftlicher Denkweise, wenn er in »Menschliches – Allzumenschliches« vorschlägt, man müsse ein »Doppelgehirn mit zwei Hirnkammern« ausbilden – »einmal, um Wissenschaft, sodann um Nicht-Wissenschaft zu empfinden; nebeneinander liegend, ohne Verwirrung, trennbar, abschließbar; es ist dies eine

Frage der Gesundheit« (Nietzsche, zitiert nach Rumpf, 1991, S. 330). Es ist jedoch gerade eine »Frage der Gesundheit«, beide Bereiche (wieder) in Beziehung zu setzen. Gerade das bewusste Aushalten der Spannung, die zwischen wissenschaftlicher und lebensweltlicher Erfahrung liegt, ist eine anzustrebende Fähigkeit, weil es angesichts der historischen Situation und der ökologischen Krise weder ein Zurück zu magischen, archaischen Weltbildern noch eine einseitige Favorisierung eines technisch-naturwissenschaftlichen Weges geben kann. Es ist nämlich die Frage, ob Menschen zu den Dingen in der Welt überhaupt eine andere als eine menschliche Haltung einnehmen können, weil Menschen den Dingen der Welt immer eine Bedeutung geben müssen. Jedenfalls wird sich unter der dezentrierten, objektivierenden, wissenschaftlichen Perspektive auch immer ein sozusagen animistischer, anthropomorpher, affektiver »Unterbau« befinden. Und ein damit im Zusammenhang stehender »Anthropozentrismus« ist eben nicht notwendig destruktiv, weil er gleichsam ein humanes Maß in unsere Naturbeziehungen einführt. Naturphänomene menschlich, d. h. auch immer potenziell anthropomorph, oder geradezu anthropozentrisch zu betrachten, heißt nämlich keineswegs auch notwendig, die Natur egozentrisch auszubeuten oder zu zerstören. Im Gegenteil: Wenn die äußere Natur (symbolisch) zum Spiegel des Menschen wird, ist dies eher ein Grund, die Natur zu bewahren.

Fredrik Vahle

# Das Gewöhnliche auf außergewöhnliche Weise tun – Erkundungen zum kreativen Umgang mit Lärm, Stille, Bewegung und Lied

## *Kreativität – anfänglich betrachtet*

Kreativität ist ein Begriff, der in der pädagogischen Diskussion um die schöpferische Kraft des Menschen, seine geistige Beweglichkeit und was er damit hervorbringt, gar nicht selten verwendet wird und dem noch immer auch eine »kunstaristokratisch«-hierarchische Konnotation anhaftet. Dichterfürsten, Literaturpäpste sowie heute hochgejubelte Shooting Stars lasse ich jedoch erst einmal in ihrem Berühmtheitshimmel allein.

Ich möchte vielmehr fragen, von wann an im allgemeinen Menschenleben von Kreativität die Rede ist.

Anscheinend schon sehr früh. Denn in einem Buch zur französischen Schule der Psychomotorik lese ich den Satz:

> Vom fünften Monat an gebraucht der Fötus seine genetisch-motorische Anlage in kreativer Art und Weise, was die Mutter mehr oder weniger gut erträgt (Esser, 2000, S. 27).

Kreativität ist anscheinend schon vor der Zeit da, in der sie dem Menschen in die Wiege gelegt werden kann. Und sie ist überall da, wo der Mensch beweglich und lebendig wird,

> (...) mit dem Wunder seiner Hände und Füße, seiner Augen, Ohren, seines Mundes und seiner Nase, seiner Lungen, seines immer klopfenden Herzens und rauschenden Blutes (Kükelhaus, 1956, S. 61).

Für Hugo Kükelhaus, von dem diese Formulierung stammt, sind auch unsere Wahrnehmungsorgane und die sich durch diese vollziehenden Prozesse »Glutherde der Schöpfung«. Wir müssen uns unsere Welt immer wieder durch kreative Grenzüberscheitungen neu erschaffen. Aufgrund von Gewöhnung und scheinbar sicherer Übereinkünfte merken wir das aber nicht. Pech für uns Alltagsmenschen, zumal diese Art von Lebendigkeit und Kreativität der Sinne sogar etwas mit Glück und Lebenserfüllung zu tun hat.

> Wollt ihr die Menschen bessern, so macht sie glücklich: wollt ihr sie aber glücklich machen, so geht an die Quellen des Glücks, aller Freuden – an die Sinne. Die Verneinung der Sinne ist die Quelle aller Verrücktheit und Bosheit im Menschenleben... (zitiert nach Weinberg, 1992, S. 12),

sagte bereits der Philosoph Feuerbach.

Auch in der ZEN-Meditation wird der ständige Neubeginn im Alltag betont. Man redet vom immerwährenden Anfängerbewusstsein des ZEN, das alle Dinge immer wieder mit frischen Augen anschauen kann. Es handelt sich hier um Formen von Lebendigkeit und Kreativität für die die künstlerische Schöpferkraft nur ein Spezialbereich ist. Und bei den Balinesen heißt es sogar: »Wir haben keine Kunst, wir versuchen alles wirklich so gut zu tun, wie es in unserem Vermögen liegt.« Analog heißt es bei den Tibetern: »Die größte Kunst ist die Kunst, sein ganz normales Leben in einer außergewöhnlichen Art und Weise zu leben« (zitiert nach Vassi, 1984, S. 61).

In diesem Sinne fängt Kreativität schon im Umgang mit unseren alltäglichen Körperhaltungen, mit unseren »Hand«-lungen, mit unseren alltäglichen Verrichtungen an.

> Eine zum Munde geführte Trinkschale entspricht einer anderen Gebärdenhaltung als eine Henkeltasse. Die erste wiederholt das Schöpfen des Wassers mit hohlen Händen an Quelle oder Teich. Die andere ist ein Gießen. Das Erste ist in viel stärkerem Maße ein schöpferischer Zustand als das andere. Und so wie hinsichtlich der Sinneswahrnehmungen Gegenstände in Zustände sich

> wandeln, so verwandeln sich Dinge über den Weg der Gebärde und Haltung ebenfalls in Zustände und Verfassungen. Der aus einer Schale Trinkende ist in einer anderen Verfassung als der, der sich ein Getränk aus einer Henkeltasse einschüttet (Kükelhaus, 1956, S. 85).

Es ist also nicht alles kreativ, was im Alltag passiert, aber es gibt immer wieder Möglichkeiten, mit geistiger Beweglichkeit etwas zu verändern, und zwar oft da, wo man es am wenigsten erwartet.

Im Folgenden möchte ich einige Erfahrungen und Reflexionen einbringen, die ich in meiner Arbeit mit Kindern als Liedermacher und Dozent im pädagogischen Bereich mit Erwachsenen, aber auch in persönlicher Körper- und Erfahrungsarbeit gemacht habe.

### *Lebendiger Lärm und Fingeraufmerksamkeit*

»Seid mal still!«

»Schluss mit dem Lärm jetzt!«

»Warum könnt ihr denn nicht mal wenigstens eine Minute still sein?«

Wer den pädagogischen Alltag kennt, kennt auch solche Sätze und ihren manchmal fast inflationären Gebrauch. Natürlich gibt es Tricks und probate Mittel, um Ruhe herzustellen. Aber die helfen nur eine Weile. Dann geht es wieder los.

In meiner Arbeit mit Kindern versuche ich ganz ohne solche Aufforderungen auszukommen. Allerdings habe ich kein festes Lehrprogramm. Ich sehe meine Aufgabe nicht darin, ein bestimmtes Wissen und bestimmte Fähigkeiten in die Köpfe der Kinder einzutrichtern. Es kommt mir vielmehr darauf an, Musik, Sprache und Poesie für Kinder erlebbar zu machen. Um aber zusammen mit den Kindern solche Erlebnisräume zu betreten, brauche ich die Fähigkeit zu etwas, das ich »energetisches Spüren« nennen möchte.

Dazu muss ich mir meiner eigenen Körperlichkeit, meiner Ausstrahlung, meiner momentanen Stimmung bewusst sein, und deshalb muss ich auch bei den Kindern etwas mehr als ihre »Stimmung« spüren, ich muss ein Auge und ein Gespür dafür haben, wie sich Kinder im Raum verkörpern. Und gerade weil ich den Segen und die Kultur der Stille auch unter Kindern kenne, interessiere ich mich für das, was mir Kinder in der Regel bieten, und das ist keine Stille, sondern Lärm.

Über Kinderlärm ist in pädagogischen Schriften wenig Essenzielles zu finden, dafür aber umso mehr über »Lärmbekämpfung«. Ich erinnere mich an einen Film über den Komponisten John Cage, in dem er zusammen mit Freunden in Berlin in versunkener, freundlicher Haltung dem Verkehrslärm lauscht, und zwar so, als säße er genießerisch schmunzelnd im Konzertsaal oder in der Meditationshalle. Ich habe mich selbst bei langen Wartezeiten in Flughafenhallen solchen Erfahrungen hingegeben. Normalerweise ist es schwierig, in einer solchen in der Regel stressigen Situation zur Ruhe zu kommen. Doch es gelingt, und zwar durch eine Dezentrierung der akustischen und visuellen Wahrnehmung. Ich suche und bewerte nicht, versuche, nicht Interessantes und Banales, Lautes und Leises, Bekanntes und Unbekanntes, Unangenehmes und Angenehmes zu unterscheiden. Wenn ich das praktizieren kann, wird die innere Unruhe in mir verschwinden, und ich werde ungestresst zu kreativen Formen der Wahrnehmung kommen. Ich brauche dazu eine ruhige Körperhaltung, manchmal auch ein langsames Gehen.

Letzteres habe ich zusammen mit meiner Gesangspartnerin einmal im Frankfurter Hauptbahnhof praktiziert. Für den Weg von Gleis 6 zu Gleis 16 brauchten wir eine gute dreiviertel Stunde. Dabei entstand eine solche Erlebnisdichte von vorher nur am Rande oder überhaupt nicht wahrgenommenen Bewegungen, Geräuschen, Stimmungen und Situationen, dass ich schon vermutete: Für einen Kurzroman reicht das Erlebte allemal. Ich kann mich also stressigen und geräuschvollen Situationen in großer Ruhe nähern. Ich kann sehen, was ist, ohne gleich zu bewerten.

Häufig wird Lärm als bloß aggressiv erlebt und bewirkt auf der anderen Seite Schuldgefühle angesichts pädagogischer Ruheforderungen. Doch damit bleibt die Betrachtung des Lärms auf der Oberfläche, womit pädagogische Frustrationen vorprogrammiert sind. Aus den vorher dargestellten Erfahrungen zeigt sich aber, dass eine tief greifende Betrachtung von Lärm möglich ist.

> Ob nun über die Stimme oder über die Handlung mit einem Objekt, der Ton als Geste ist symbolische Projektion des Ich in den Raum. Noch mehr als die Geste füllt der Lärm den Raum mit meiner Anwesenheit und gibt ihr Volumen. Kinder lieben Lärm. Erwachsene auch (sobald sie frei von Schuldgefühlen sind), unter der Bedingung, dass sie diesen Lärm verursachen und nicht erleiden. Lärm stört nur die, die nicht daran teilnehmen, denn Lärm bedeutet Selbstbestätigung und Eroberung eines akustischen Raumes (Lapierre; Aucoutourier, 1998, S. 67).

Lärm bedeutet aber in der Regel keine totale Besetzung und Besitzergreifung des akustischen Raumes. Aus dem energetischen Spüren und aus der entsprechenden Ruhehaltung heraus kann ich nun in meiner Körperhaltung, in meinen Gebärden und Gesten aktiv werden. Dabei spielen Körpersprache und Gebärdung, meine Gesten, mein Gesichtsausdruck, mein Blickkontakt und schließlich Intonation und Ausdrucksqualität meiner verbalen Botschaft die ausschlaggebende Rolle. Und die informative bzw. lexisch-semantische Dimension meiner verbalen Botschaft wird umso besser angenommen, je genauer sie mit den vorher genannten Aspekten übereinstimmt. Ohne meine eigene Präsenz durch Körpersprache, Beweglichkeit und Stimmführung läuft hier absolut nichts. Nur wenn ich das berücksichtige, kann ich auch die entsprechenden Übungen, Spiele und Lieder auswählen. Das können ganz einfache Sachen sein, wie z. B. »Es war einmal ein Drachen«, ein Lied, bei dem regelmäßig die Fäuste geballt und wieder geöffnet werden.

Das Ballen der Fäuste (bei den Indern eine ihrer zahlreichen Mudras: »Mushti-Mudra«) ist aus energetischer Sicht ein gutes Mittel, um die eigene Kraft zu spüren, um Kopf- und Bauchenergien miteinander zu verbinden und um gegebenenfalls Ärger und Wut in eine bestimmte Form zu leiten.

In der Phylogenese der Sprachentwicklung war die Hand- und Fingermotorik schon immer ein wichtiger Impulsgeber für die Artikulationsmotorik, und das kommt auch im Lied vom Drachen Fu zum Tragen.

Parallel zur Handgebärde wird die Silbe »Fffuuh!« als symbolisch-signifikante Lautgebärde (Geschwindigkeit, Feuer, Hitze und Vokalisierung aus dem Unterleib) artikuliert. Damit findet auch eine Ausrichtung und Wandlung all jener Energien statt, die sich vorher noch als Lärm äußerten.

Allerdings gibt es hier auch eine Gefahr. Das Ganze kann zum Ritual erstarren, gerade wenn es als geschicktes Mittel zur Ruheerzeugung eingesetzt wird. Das wird von den Schülern meist schnell erkannt. Und es kann auch so etwas ansprechen wie einen musikalisch-rhythmischen Herdentrieb, in dem individuelle Regungen der Schüler untergehen bzw. sogar störend wirken.

Andererseits gibt es – und das konnte ich verschiedentlich beobachten – auch so etwas wie das persönliche Hineinwachsen und die Aneignung der Handgebärde und ihrer energetischen Wirkung durch die Kinder. Gerade für Kinder, insbesondere solche Mädchen, die noch keinen Zugang und kaum Ausdruckspotenzial für ihre eigene Kraft haben, kann diese Übung durchaus kreativ und schöpferisch sein. Sie kann neue Formen von Ausdruck, Identität und Selbstbewusstsein hervorrufen, zu denen Jungen aufgrund ihrer Geschlechtsrolle eher Zugang haben.

Etwas anders verhält es sich bei einer gereimten Fingergeschichte, in der die einzelnen Finger unterschiedliche Rollen spielen. Hier gehen die Kinder nur mit ihren Fingerbewegungen mit. Jedes Kind merkt für sich und ganz individuell, in welcher Form sich seine Finger bewegen lassen. Dabei führt die Geschichte über die gewohnten alltäglichen Fingerbewegungen, die in der Regel auch nur Zeigefinger und Daumen betreffen, weit hinaus. Die Finger, die sich bewegen, werden benannt, und es wird auch die Richtung angegeben, in der sie sich bewegen. Jedes Kind kann aber individuell ausprobieren, wie weit die Beweglichkeit der einzelnen Finger reicht. Es gibt keine Bewertung und keine Kontrolle von außen. Manchmal tauschen auch einzelne Kinder ihre Erfahrungen mit den einzelnen Fingern aus. Doch das ist eher die Ausnahme. Bei den meisten Kindern fällt auf, dass sie in einen stillen Dialog mit ihrem eigenen Körper, hier: mit ihrer Fingerbeweglichkeit kommen. Dieser Dialog erzeugt große Aufmerksamkeit und eine für außen Stehende oft kaum verständliche Ruhe und Stille unter den Kindern. Manchmal hat man den Eindruck, als würde hier eine besonders erfolgreiche Stilleübung durchgeführt.

### *Vergeblichkeit und Praxis von Stilleübungen*

Bei der Fingerübung wird Stille nicht dadurch erzeugt, dass die Kinder dazu aufgefordert werden. Stille und Ruhigwerden sind hier überhaupt kein Thema. Was aber auffällt, ist so etwas wie eine natürliche Andacht, wie man sie bei offensichtlichen Stilleübungen meist nicht in dem Maße findet.

Dabei ist für viele Kinder Stille zunächst ein Fremdwort bzw. eine äußerst lästige Erfahrung. Und das ist verständlich: Das Kind entdeckt die Welt und seine Mitmenschen durch die Bewegung des eigenen Körpers, also auch durch den Einsatz seiner eigenen Stimme. Aber um den Anforderungen des traditionellen Lernbetriebes zu genügen, muss es weitgehend still und unbeweglich sein. Dies führt zu einer motorischen Verarmung, die wiederum die Lernfreude des Kindes deutlich schwächt. Das Kind wird der authentischsten Mittel seiner Entwicklung beraubt. Entsprechend argumentieren Lapierre und Aucouturier, Stille bedeute »(...) Abwesenheit. Stille umgibt uns, ›klebt und auf der Haut‹, ist Reduzierung des Ich in seiner körperlichen Dimension«.

Auf diesem Hintergrund sind Stilleübungen mit Kindern ein Unding, zumal die geforderte Bewegungslosigkeit bei Kindern Todesassoziationen und Angst von Verschwinden und Auflösung hervorrufen kann. Andererseits erproben Kinder von sich aus

Zustände von Bewegungslosigkeit und absoluter Stille. Sie spielen Totsein, toter Mann im Wasser. Sie erproben das Still- und Ruhigsein in Verstecken, damit sie keiner entdeckt. In solchen selbst gewählten Situationen haben sie anscheinend doch das Bedürfnis und auch die Fähigkeit, still und ruhig zu sein. Sie spielen mit dem Tod und anderen angstmachenden Dingen, um zu lernen, ihre Angst zu beherrschen. Die hier erreichte Stille muss jedoch von der in Stilleübungen praktizierten unterschieden werden:

> Wir möchten an dieser Stelle auf den grundlegenden Unterschied hinweisen zwischen einer Bewegungslosigkeit in Entspannung, wie sie in Entspannungsmethoden praktiziert wird, und einer Bewegungslosigkeit in Spannung, wie sie über den Rückzug auf sich selbst erreicht wird. Die eine ruft Todesassoziationen hervor, die andere Assoziationen von latentem Leben, die sich auf das fötale Leben beziehen (Lapierre; Aucoutourier, 1998, S. 42).

Trotzdem gibt es etwas, das bei Lapierre und Aucoutourier vielleicht zu kurz kommt. Es ist die Fähigkeit mancher Kinder zu einer andächtigen, fast spirituellen Stille und Ausstrahlung. Allerdings sind die meisten Erwachsenen aufgrund fehlender spiritueller Einsichten hiermit überfordert. Sie finden das verdächtig. Ist das Kind etwa krank? Lässt es sich wieder von seiner Tagträumerei forttragen?

Es wird selten Erwachsene geben, die die Fähigkeit haben, ein solches Verhalten uneingeschränkt zu fördern. Auf alle Fälle kann man so etwas bei Kindern entdecken, und schon Maria Montessori hat das auf ihre Weise getan. Sie entdeckte durch Zufall ein Mittel, wie man Kinder auch körperlich in eine Stillesituation einbinden kann, und war dann selbst erstaunt, welche Wirkung die Stille bei den Kindern hervorrief:

> Unter ganz bestimmten Umständen habe ich die Kinder aufgefordert, sich nicht zu bewegen. Ich trug nämlich in den Armen

ein ganz kleines Kind von vielleicht vier Monaten, das völlig eingewickelt war; es war wach, aber ganz ruhig. Da wollte ich ein kleines Spiel machen. Ich sagte zu den Kindern: »Na, ihr werdet eure Beine nicht so still halten können wie dieses kleine Baby!« Und ich glaubte, dass alle mir mit Lachen antworten würden. Das war es, was ich erwartete, da ich eben einen Scherz machen wollte, weil natürlich eine eingewickelte Person leichter still halten kann als eine bewegungsfreie.

Doch ich bemerkte zweierlei: dass die Kinder nicht nur versuchten, sich so ruhig wie möglich zu verhalten. Sie machten in der Tat etwas, was Sie nicht tun würden. Aber natürlich haben Sie nicht dieses Baby gesehen: Die kleinen Kinder setzten ihre Beine mit den Füßen ganz zusammen. Da hat mich dies natürlich verwundert; und überdies zeigten sie alle sehr ernste, sehr interessierte Gesichter. Jetzt suchte ich noch einen Scherz zu machen und sagte: »Ja, aber ich möchte noch etwas anderes sagen, das ihr sicher nicht machen könnt; hört ihr den Atem dieses kleinen Kindes? Man hört ihn wirklich nicht! Ihr würdet nicht auf so leise Art atmen können!« Nun würden die Kinder, glaubte ich, spätestens gelächelt haben. Aber im Gegenteil, die Gesichter der größeren waren ganz ernst, und sie machten alle eine Anstrengung, ihren Atem zurückzuhalten. Sehen Sie, und da trat die Stille ein.

Und diese Stille war eine Offenbarung. Ich hatte doch nicht gedacht, dass diese kleinen Kinder diese geheimnisvolle einfache Sache, welche die Stille ist, derart lieben würden. Jetzt begann ich zu verstehen, dass darin etwas verborgen lag. Das war hier etwas anderes, es war nicht die Tatsache, dass ich das kleine Baby in meinen Armen hatte, sondern es war hier *ein Phänomen* eingetreten. Da begann ich zu fragen, ob sie die Stille da an diesem Tag liebten, und sie sagten alle: »Ja!« Und dann sagte ich: »Wollen wir sie halten?« Und sie wünschten es sich sehr. (Montessori, 1994, S. 134).

Auf Kinderkonzerten geht es dagegen in der Regel sehr lautstark zu. Oft fehlen die leisen Töne sowie Lieder, die mal nicht die Fröhlichkeit und lautstarke *Anteilnahme* der Kinder ansprechen. Die Kinder wollen das eben so, wird dann argumentiert. Ich habe da doch andere Erfahrungen gemacht, sogar in Riesenkonzerten mit Großstadtkindern.

Meine »Stille-Übung« fängt mit Indianergeheul an, das sich noch dazu in der Lautstärke steigert. Dann folgt das Getrappel einer Büffelherde. Die Kinder können sich die Füße warmtrampeln. Und dann wird es still, denn die Indianer sagen:

*Jeder Ort auf dieser Erde*
*hat seine eigene Stille.*
*Und diese Stille kann man hören.*
*Also auch diese Stille hier*
*in diesem Raum, in dem wir gerade sind.*
*Und damit wir die Stille hören können, bin ich still,*
*und die Jungs sind still und die Mädchen, die Mütter*
*und Väter …*

Es ist immer wieder erstaunlich, wie selbstverständlich viele Kinder in diesem Spiel andächtig und ruhig sein können, auch wenn es an einigen Stellen im Saal laut wird. Das stört meistens die anwesenden Erwachsenen eher als die teilnehmenden Kinder. Mich erstaunt auch immer wieder, dass sich die überwiegende Mehrheit der Kinder auf Befragen positiv zur Stille äußert. Selbst wenn ein Teil dieser Kinder denkt, diese Antwort wird der Vahle gern hören, bleiben immer noch genug Optionen für die Stille übrig.

Ich denke, es ist wichtig, dass eine solche Stille vorbereitet und aufgebaut wird, dass es dem Kind möglich gemacht wird, deren Sinn zu erfassen. Doch kann dieser Sinn und die Wirkung der Stille nicht vollständig erklärt werden. Und das ist auch gut so. Denn das unterscheidet sie wohltuend vom »Verbalintellektualismus« (Lapierre; Aucoutourier, 1998) fast aller anderer Lerngegenstände.

Die Stille soll ihr Geheimnis, ihre Magie und ihre segensreiche Wirkung behalten. Jedes Kind kann sie für sich entdecken, und ein

Kind, das diese Art der Andacht und Besinnung kennen gelernt hat, wird sich auch sonst Zeit zum Überlegen nehmen und Zeit für kreative Lösungen von Problemen finden, die anderen Kindern in der Hektik ihres Tuns verschlossen bleiben.

## *Liegende Schüler mit unerwarteten Fragen*

In Zusammenhang mit der Problematik der Stilleübungen möchte ich noch eine weitere Frage behandeln: Gibt es so etwas wie einen kreativen Gebrauch bestimmter Körpergebärden und Körperhaltungen, und was bedeutet das für die Lernfähigkeit und geistige Beweglichkeit der Kinder?

Hierzu ein Beispiel aus einer Grundschule am Niederrhein:

Die Kinder haben Lieder von mir im Unterricht durchgenommen, und sie haben Fragen an den »Liederdichter«, wollen mit mir nach dem Konzert ein Gespräch führen. Doch vor dem Konzert hatten sie Wandertag, sind gemeinsam mit den Lehrerinnen ein gutes Stück gegangen. Trotzdem sind sie auch bei den aktiveren Bewegungsliedern noch ganz da, und das Konzert dauert dann auch fast eineinhalb Stunden. Doch für das Gespräch sehe ich schwarz. Die Kinder sind dazu sicher viel zu erschöpft. Und erschöpfte Kinder können wenig schöpferisch sein. Doch die Kinder wollten. Sie wollten mit mir ein Gespräch führen. Mein energetisches Spüren bzw. das, was von den Kindern körpersprachlich herüberkam, sagte mir etwas anderes: Es ist besser, nach Hause zu gehen. Da wartet das Essen und eventuell das Sofa und die Mittagsruhe. Trotzdem sagte ich das Gespräch zu, allerdings unter einer Bedingung: Es sollte den Kindern freigestellt sein, ihre Körperhaltung frei zu wählen, sich also fürs Sitzen, Stehen oder auch fürs Liegen zu entscheiden.

Eine solche Aufforderung hatten die Kinder zunächst einmal nicht erwartet. Sie sahen sich erstaunt um. Aber einige Mutige gingen zur Aktion über. Sie standen auf oder begaben sich auf ganz unterschiedliche Art in die Horizontale. Sie kippten, kullerten oder sanken zu Boden. Das war umso einfacher, als das Ganze in einer Turnhalle stattfand, die nicht bestuhlt war. Es dauerte nicht lange, da lag mehr als die Hälfte der Kinder selig ausgestreckt auf dem harten Boden der Turnhalle. Ich konnte die unterschiedlichsten Liegehaltungen und Liegegebärden beobachten. Manche waren in sich zusammengerollt. Es kam mir fast so vor, als würden sie Igel oder kleines Kind spielen. Einige waren aufgestanden, eine ganze Gruppe. Diese Kinder mussten sich jetzt zwischen den vielen Liegenden sehr groß vorkommen, und sie waren deutlich in der Minderheit. Solche Größe kann auch einsam und unsicher machen. Sie wollten nicht zu einer kleinen, radikalen Minderheit gehören, also setzte sich ein Teil von ihnen gleich wieder hin. Der übrige Rest der Kinder war brav sitzengeblieben. Vielleicht nach dem Motto: Sitzen ist in der Schule sowieso angesagt. Damit kann uns am wenigsten passieren.

Es war eine ungewohnte, schöne Szenerie in der Turnhalle. Die ruhig daliegenden Kinder, die brav dasitzenden und die kleine Gruppe der Aufständischen.

Doch was hat das Ganze mit Kreativität zu tun?

Ich hatte dieses Experiment vorgeschlagen, um überhaupt wenigstens ein kurzes Gespräch zu ermöglichen und die Kinder dann schnell in die wohlverdiente Mittagspause zu schicken.

Die Situation schien mir auch zunächst Recht zu geben. Gerade von den Liegenden erwartete ich kaum Fragen. Und die paar Fragen, die gestellt würden, könnte ich sicher schnell abhaken. Es kam jedoch ganz anders.

Die Fragen ließen nicht lange auf sich warten. Und es waren keine stereotypen Fragen, wie ich sie sonst häufig bekomme:

Was ist deine Lieblingsfarbe?

Hast du ein Haustier?

Wie alt bist du?

Wie viele Lieder hast du schon geschrieben?

Warst du schon im Fernsehen?

Es waren vielmehr Fragen, die, wenn auch auf kindliche Weise, auf das Wesen meiner Arbeit abzielten. Fragen nach der Entstehung von Liedern, über die Kriterien, nach denen ich Themen für Lieder aufgreife oder nicht. Ob Lieder immer lustig sein müssen und wo man sie am besten singen kann. Ob ein Liedermacher auch selbst singt, für sich zu Hause. Ob ich einen guten Musikunterricht hatte. Sogar Fragen nach der eigenen Kindheit waren dabei. So kam ein richtig gutes und langes Gespräch mit den Kindern »zustande«. Das war eigentlich schon erstaunlich genug. – »Zustande« ist jedoch eigentlich nicht das richtige Wort für das, was da vor sich ging, und das betrifft die zweite Erstaunlichkeit. Die durchweg aufgeweckten und interessierten Fragen von den Kindern kamen fast ausschließlich von den Liegenden. Die Stehenden hatten wahrscheinlich so sehr mit ihrer Außenseiterrolle zu tun, dass ihnen überhaupt keine Fragen einfielen, und die Sitzenden wurden erst in der zweiten Gesprächshälfte und mit mehr stereotypen Fragen aktiv. Während des Gesprächs blieb ich nicht an einem Platz stehen, sondern wanderte zwischen den Kindern umher. Die Ruhe und Andacht, die die liegenden Kinder ausstrahlten, waren für mich überwältigend. Ich habe selten in einer Schule so schöne, entspannte und erwachte Kindergesichter gesehen. Vielleicht war es das, was Maria Montessori, Gabriele Hengstenberg und viele andere immer wieder mit Kindern erlebt haben.

Und mir wurde plötzlich klar, wie viel Schindluder an Schulen mit kindlichen Körperhaltungen getrieben wird, wie wenig mit Körperhaltungen in Hinsicht auf Lernfreudigkeit, Bei-sich-selbst-Sein und Kreativität experimentiert wird. Kein Wunder, dass dann bestimmte Anspannungen und Fehlhaltungen zur zweiten Natur von Erwachsenen und auch schon von Kindern werden. Und was ließe sich hier alles erkunden und entdecken, wenn man sich erst einmal Zeit und Muße für neue Erfahrungen nähme?

### *Von der Neuentdeckung des Liegens*

Zwar heißt es in Anspielung auf eine entsprechende Bibelstelle: Den Seinen gibt's der Herr im Schlaf! – Diese Redewendung ist allgemein bekannt; doch schon das Liegen – soweit es nicht etwas mit Schlaf am dafür vorgesehenen privaten Ort bzw. mit Entspannung und Erholung sowie körpertherapeutischer Heilung zu tun hat – ist tief eingefleischten bzw. eingekopften Vorurteilen ausgesetzt. Da hat Liegen fast natürlicherweise etwas mit »Niederlage« zu tun, mit Krankheit und Unfähigkeit, seinen Mann zu stehen. Wer zu viel liegt, wird lethargisch, wird sogar zum natürlich hässlichen Tier, wie es Franz Kafka in seiner Erzählung *Die Verwandlung* beschreibt.

Wer faul herumliegt, nicht nur im bürgerlichen Bett, sondern auf dem öffentlichen Rasen, ist ein »Penner«. Der Name spricht für sich. Wer einfach so herumliegt, regrediert zum Faulpelz, harmloser ausgedrückt zum Kind oder eher in die Rolle einer Ruhe ausstrahlenden Frau. Diese werden von männlichen Malern gern liegend und auch nicht immer in ihren Alltagskleidern gemalt.

Aus etwas negativerer Sicht betrachtet verlässt der Liegende den Bereich der Menschheit und damit auch der Menschlichkeit – der Philosoph und Lebensreformer Rudolf Steiner hat das sehr prägnant auf den Punkt gebracht: Der Mensch ist zur Aufrichtung bestimmt. Erst und nur in der Aufrichtung wird er ganz zum Menschen. Hier hat er die Übersicht, hier werden seine Hände und dann auch sein Bewusstsein und sein Denken frei. In der Aufrichtung kann er sich dem Höheren, dem Himmel und Gott annähern. Legt er sich jedoch nieder, regrediert er ins vegetative Stadium seiner Existenz. Er gibt sich ganz den niederen Kräften und Energien hin, die ihn letztlich mit Auflösung und Tod bedrohen (Steiner, 1919/20).

Steiner vergisst jedoch, dass wir mit der Rückenlage im Schlaf, in der Entspannung, aber auch in anderen bewusstseinsfördernden Formen des Liegens eine, wie ich glaube, zutiefst menschliche Haltung bzw. »Liegegebärde« einnehmen. Kein Tier legt sich so zum Schlafen nieder. Allein der Mensch praktiziert diese völlige Hingabe. Nein, nicht nur nach unten zur Erde, sondern auch nach oben zum Himmel. Erst so wird ihm sein Erdendasein, aber insbesondere der große Himmelsraum über uns wahrnehmbar und spürbar. Wer sich dem jemals auf einer Sommerwiese oder im warmen Sand eines Strandes hingegeben hat, weiß, wovon ich rede. Und die Spezifik dieser Situation ließ sich für mich am besten in Gedichtform darstellen:

*Im grünen Gras, im weichen Sand,*
*ob Teppich oder Luftmatratze,*
*am besten ist, du legst dich hin,*
*so schmiegsam wie die Schmusekatze.*
*Du musst nichts halten, sinkst und sinkst,*
*der Teppich fliegt, du spürst, die Erde*
*hält dich wie eine gute Hand, hält dich*
*mit hilfreicher Gebärde,*
*und Kopf und Bauch und Brust und Beine*
*sind demokratisch von alleine.*
*Und keins tut überm andern thronen –*
*jawohl, Herr Kopf, du kannst dich schonen!*
*Da bricht sie aus, du weißt nicht, wie,*
*die Körperteileharmonie.*
*Sie bringt dir mehr als Zeitvertreib,*
*aus deinem Körper wird ein Leib.*
*Die Augen müssen nichts fixieren,*
*kein Gegenstand ist jetzt noch da.*
*Dein Herz wird weit, und erst der Kopf,*
*darin wird's ruhig, hell und klar.*
*Du bist Natur und liegst darin,*
*ein kleiner Teil vom großen Ganzen.*
*Umwelt wird Mitwelt und du lässt*
*all deine Moleküle tanzen.*
*Der Kosmos klingt von Ohr zu Ohr,*
*du hörst sehr weit, doch mit Verlaub:*
*du bist nicht größer als dein Fuß,*
*etwas, das denkt, und … Sternenstaub.*

Die hier in gereimter Form geäußerten Einsichten gelten sicher nicht nur für den Freizeitbereich oder für den Bereich abgehobener Lebensphilosophie. Sie sind auch für den schulischen und sonstigen Alltag dringlich.

Wir leben in einer Zivilisation, die das Oben, den Kopf, die Ratio samt der dazugehörigen körperlichen Aufrichtung zum Kult gemacht hat. Die Kehrseite: Kein Wunder, dass schon Kinder und erst recht viele Erwachsene von Rückenschmerzen geplagt werden. Selbst in neueren und ansonsten äußerst offenen und einfühlsamen Formen der Psychomotorik, etwa bei Lapierre und Aucoutourier, sind Spuren von diesem Aufrichtungskult bzw. einer eindeutig negativen Ausgrenzung horizontaler Körperhaltungen und Gebärden zu finden. So wird da z. B. von der »Vertikalität« (Symbol des Lebens) und der »Horizontalität« (Symbol des Todes) geredet (Lapierre; Aucoutourier, 1998, S. 34).

Und an anderer Stelle wird die Horizontale mit der Angst vor dem Tod, mit dunklen Farben und der Verengung des Raumes in Verbindung gebracht. Dagegen erscheint die Vertikale im Licht von »Selbstbestätigung, von lebendigen Farben, von Gleichgewicht, Symmetrie, Ordnung und Rhythmus« (ebenda, S. 108).

Andererseits haben dieselben Autoren lustvolle Formen motorisch-geistiger Regression (und als solche wird das Liegen oft gesehen) als kreatives Entwicklungsstadium und nicht als bloßen Rückfall rehabilitiert, und sie haben auch die positiven Dimensionen aufgezeigt, die mit dem »Zu-Boden-Gehen« zusammenhängen.

> Wir möchten hier noch einmal auf den Boden zu sprechen kommen, denn die affektive Übertragung auf das Objekt Boden geschieht recht spontan, sofern sich seine Beschaffenheit und die Umgebung ein wenig dafür anbieten. Kinder (und Erwachsene, die es wagen) lieben es, auf einem glatten Boden zu rutschen, zu rollen, zu räkeln und entlang zu schlängeln …
> Ein Maximum an Kontakt mit dem Boden suchen, den Kontakt mit ihm zu festigen und weiterzuentwickeln, aufmerksam zu

> sein für die Verschiedenheit der Kontaktoberflächen, die Gesten zu verlangsamen usw. – all das hilft, vom Spiel überzugehen zu einem mehr und mehr affektiven Kontakt, in dem wir immer den vitalen Rhythmus wiederfinden. Im symbolischen Kontakt zum Boden drückt sich gleichzeitig die Lust an der primären Bewegung und am Kontakt aus. Von daher kommt es zu einem sehr heftigen Gefühl von diffuser Sexualität, das bis hin zur Erotisierung des Körpers gehen kann. Weiterhin können wir unsere Aufmerksamkeit lenken auf das Abstützen, den Druck am Boden. Vom Boden ausgehend kann die eigene Kraft erprobt werden. Alle diese Empfindungen vermitteln sehr viel Sicherheit (ebenda, S. 56 f.).

Lapierre und Aucoutourier beschäftigen sich hauptsächlich mit der elementaren und authentischen Beweglichkeit des Menschen und den Energien, die von hier aus in den geistigen Bereich übersetzt werden, ihm Vitalität, Lebendigkeit geben. Von hier aus kann der Mensch auf eine Weise authentisch und kreativ werden, die durch die Sprache oder verbale Information, durch das allgegenwärtige Rauschen und Lautwerden sprachgebundener Kommunikation eher verdeckt wird. Die Person, die das »verbale Denken« hinter sich lässt, kommt wie bei der Technik des Tagträumens in einen tieferen Bewusstseinszustand. Die Person findet ihre Authentizität, ihre Wahrheit wieder, und zwar nicht als Rückfall in die egozentrische Einbahnstraße, sondern auch in sozialer Hinsicht. Denn in solchen Prozessen werden sich Menschen ihrer Gemeinsamkeiten bewusst.

> Die Symbolik des Handelns ist die ursprünglichste und grundlegendste. Sie hat ihre Wurzeln im ontogenetischen Erleben eines jeden, aber auch in einem phylogenetischen und soziogenetischen Erleben der Menschheit. Auf dieser Ebene befindet sich der gemeinsame Grund aller Religionen, aller Philosophien, aller Kulturen (ebenda, S. 129).

Aus dieser Sicht kann dann auch das Liegen positiver gesehen werden als vorher dargestellt wurde:

> Das Ruhigstellen des klonischen Systems und des posturalen Tonus durch die Liegeposition ermöglicht eine größere Offenheit für die emotionalen tonischen Spannungen. Die Anwendung von Entspannung als unterstützendes Mittel antwortet hier auf dasselbe Ziel (ebenda, S. 128).

Die hier vorgetragenen Einsichten und Positionen erinnern mich in einigem an die Vorhergehensweise in der Feldenkrais-Pädagogik, an Elemente der »Hypnotherapie« von Milton Erickson sowie an Äußerungen von Desmond Morris zur Körpersprache (Morris, 1994, S. 42–43).

Wichtig ist, dass diese Einsichten inzwischen für den pädagogischen Alltag überreif geworden sind, und ich versuche, sie auch in meinen Fortbildungsveranstaltungen zu vermitteln. Sie werden auch allenthalben gesehen, doch in ihrer systematischen Bedeutung für die Tatsache, dass Lernen ein ganzkörperlicher Vorgang ist, nur ansatzweise erkannt. – Wie sagte eine Mutter zu mir: »Mein Sohn hat jetzt das Abitur gemacht.« – Und dann strahlte sie über das ganze Gesicht: »Und alles mit Eins!«, um dann verschämt hinzuzufügen: »Dabei hat er seine sämtlichen Hausarbeiten im Liegen gemacht.«

## *»Eintönigkeit« und Klangerlebnis*

Nach meinen Ausführungen über die Stille, das Schweigen und die pädagogisch-kreative Bedeutung des Liegens möchte ich nun abschließend zum Klang, zum Ton, zum Lied kommen.

Der Klang- und Stimmforscher Alfred Tomatis hat den Menschen als ein hörendes bzw. horchendes Wesen definiert. Für Tomatis ist dies die Basis seiner Entwicklung, seiner Bedeutung, ja, sogar seiner Rolle im Kosmos. Er stellt dar, » (…) dass der Mensch in einem energetischen Kosmos schwebt, mit dem er durch seine eigene Struktur und durch Schwingungszusammenhänge verbunden ist, die ihn in beständigen Kontakt mit dem großen Ganzen bringen« (Tomatis, 1997, S. 124).

Um solche Zusammenhänge zu erhorchen, ist jedoch eine Verfeinerung des Hörsinns und ein kreativer Umgang mit dem Hören erforderlich. Das Hören braucht eine Einbettung in eine Kultur der Stille, sodass Zeit und Muße entstehen, einzelnen Klangerlebnissen nachzuspüren. Solche schönen und gleichwohl notwendigen Worte kann man in musikdidaktischen Diskursen immer wieder lesen. Nur – die akustische Realität, in der Kinder heute leben, sieht etwas anders aus.

Von früh an ist das Kind einem nie enden wollenden Strom fremdbestimmter Klangerzeugung ausgesetzt. Das reicht vom endlosen Kassetten-, Fernseh- und Radiogedudel im Kinderzimmer bis zum »Reinziehen« von Musik im Königreich der hämmernden Boxen im Jugendalter. Haben Kinder denn überhaupt noch Zeit, sind sie überhaupt noch zu motivieren für das Er-leben von Klang? Selbst uns Erwachsenen fällt das ja schwer.

In meinen Erwachsenenveranstaltungen stelle ich meist auch eine »Klatschtonleiter« vor, die darauf beruht, dass man durch eigenständige Formung der Hände Klänge in unterschiedlichen Tonhöhen erzeugen kann. Und dann bitte ich die Teilnehmerinnen, z. B. auf das TOK, den tiefsten Ton der klatschenden Hände, zu horchen und diesen Ton von Teilnehmerin zu Teilnehmerin wandern zu lassen. Jeder soll auf den Klang der Hände seines Nachbarn horchen und dann erst selbst einen Klang erzeugen. Eine einfache Anweisung, der doch so schwer nachzukommen ist. Meistens ergibt sich bald ein schnelles Abklatschen. Hauptsache, ich habe meinen Klang erzeugt! Die individuelle Ausformung bleibt auf der Strecke, und genauso das Horchen darauf.

Bei Kindern verstärken sich diese Schwierigkeiten noch um ein Vielfaches. Unmöglich, mal in aller Ruhe auf einen einzigen Ton zu horchen! – Unmöglich, mal in aller Ruhe auf einen einzigen Ton zu horchen?

Vielleicht ist es so wie bei den Stilleübungen. Es kommt darauf an, in unterschiedlichen Handlungszusammenhängen und im Einklang mit dem energetischen Spüren für die Bedürfnisse der Kinder mit ihnen zu experimentieren. Wenn ich nämlich im Kinderkonzert meine »Zaubergitarre« vorstelle und dabei ganz einsame und einzelne Töne erklingen, deren Entstehung für die Kinder zunächst ein Rätsel ist, dann zeigt sich, dass Kinder sehr wohl noch fähig sind, auf einzelne Töne zu hören, ja, diese Töne sogar zu erleben. Manchmal regt sich da Applaus für *einen* einzelnen Ton. Vielleicht liegt darin Sinn, Glück und Verantwortung eines ganzen Musikerlebens.

Es gibt hierzu die Geschichte von einem Mann, der immer nur einen Ton spielt, und seine Frau sagt zu ihm: »Schau dir doch mal deine Kollegen an, wie viele Töne die spielen und beherrschen, und du kommst immer nur mit einem einzigen Ton!« – »Ja«, sagt der Mann, »die suchen noch!« …

Vielleicht nur eine Geschichte, und eine Geschichte wer weiß woher dazu. Gut ausgedacht, oder? Aber da lese ich bei dem modernen Komponisten Arvo Pärt aus Estland:

> Ich habe entdeckt, dass es genügt, wenn ein einziger Ton schön gespielt wird. Dieser eine Ton, die Stille oder das Schweigen beruhigen mich. Ich arbeite mit wenig Material, mit einer Stimme, mit zwei Stimmen. Ich baue aus primitivstem Stoff, aus einem Dreiklang, einer bestimmten Tonalität. Die drei Klänge eines Dreiklangs wirken glockenähnlich (Pärt, 1984).

Es lohnt sich – auch zusammen mit Kindern – immer wieder auf den einzelnen Klang, auf den Ton zu hören:

*Noch ist der Ton*
*ganz leise und klein,*
*doch er will in die Welt,*
*will hörbar sein.*

*Er*
*macht sich aus seiner Stille los,*
*erklingt und ertönt,*
*schwillt an und wird groß. –*
*Du kannst einen Ton*
*weder riechen noch sehn.*
*Du kannst ihn er-hören*
*und ein wenig verstehn.*
*Ist er leis' oder laut,*
*ist er schräg oder schrill?*
*Ist er sanft oder hart,*
*klingt er so, wie er will?*
*Verschwindet er – plopp –*
*wie der Frosch im Teich?*
*Ist die Stille danach*
*bei jedem Ton gleich?*

Und dieses Hören auf den einen Ton erfordert konzentrierte Kreativität und auch einige Widerstandskraft gegen das ewige unterhaltungsmusikalische Gedudel der Spaßgesellschaft, dem man z. B. in Bistros, Restaurants und an anderen öffentlichen Orten heute kaum entkommen kann. Allerdings soll mit solchen Überlegungen nun nicht nach der Zwölftonmusik noch die Eintonmusik propagiert werden.

## *Körpermusik und Lebenslied*

Ich bemerke in meiner eigenen Arbeit eine deutliche Verknappung der Mittel, ein Umkreisen zentraler musikalisch-sprachlicher Momente. Wo es früher 15–20 Lieder im Konzert waren, sind es heute sechs. Die einzelnen Lieder nehmen mehr Raum ein. Die rhythmisch-musikalisch-sprachlichen Ebenen werden auch jeweils eigenständig erprobt. Jedes Lied ist eine kleine Welt für sich, und die gilt es zu entfalten. Dabei spielt das, was man heute neudeutsch »Body-Percussion« und »Vocassion« nennt, eine hervorragende Rolle. Die Instrumentalmusik kommt wirklich erst später, denn Musik soll zuerst als Körpererlebnis erfahren und erlebt werden. Erst dann kann die Bauchkraft in der Trommel, die Atembewegung in der Flöte, die Vibration der Stimmbänder in den Saiten der Gitarre erspürt und als ureigenster Körperausdruck instrumentalisiert werden. Also arbeite ich – vor aller Instrumentalmusik und vor allem Einsatz von musikalischen Medien – erst einmal mit dem eigenen Körper und der eigenen Stimme

Und das erfordert Kreativität, dazu muss ich mir einiges einfallen lassen, und das wiederum darf kein Programm werden, damit das Mitmachen nicht zu Routine und oberflächlicher Imitation erstarrt bzw. ganze Körperbereiche und deren Gestaltungsmöglichkeiten einfach unberücksichtigt bleiben.

So entfaltet sich unsere energetische Lebendigkeit meist in der oberen Körperhälfte bzw. im Kopf. Sprachliche und musikalische Kreativität hat aber »von Kindesbeinen« an immer auch etwas mit den Füßen zu tun. Wenn wir laufen lernen, spielt sich auch im rhythmischen und sprachlichen Bereich eine lebenswichtige Wandlung ab. Und mancher Philosoph und Dichter weiß davon zu berichten, wie förderlich das Laufen für die eigene sprachliche Kreativität und für die Beweglichkeit des Denkens überhaupt ist. Und mit Füßen können wir nicht nur gehen, wir können auch Rhythmen erzeugen, können Hände und Stimme damit begleiten. Doch will ich diese Art der Klang- und Rhythmuserzeugung mit den Füßen sprachlich fassen, wird's schwierig. Ist das nun ein Stampfen? Ein Auftreten? Ein Tappen? Ein Tanzen? Oder muss ich erst ein Wort wie Fussklangeln, -klackeln oder Ähnliches erfinden, um so etwas Einfaches und von jedem Praktizierbares benennen zu können?

Wir merken es sofort: Wenn Fußrhythmen das Singen und Gestikulieren der Hände begleiten, wandert die energetische Lebendigkeit sofort auch nach unten. Und Füße und Beine können nur einen guten Klang erzeugen, wenn auch die Hüften, ja, auch bei Jungen und Männern, lebendig mitschwingen. In der afrikanischen Musik ist das selbstverständlich. Und vielleicht können wir Europäer uns für unsere musikalischen Belange davon anregen lassen. Natürlich müssen wir dazu keine Afrikaner werden. Aber wir haben alle so etwas in uns, das uns den Zugang dazu leicht macht, wenn bestimmte kulturelle, sexuelle und andere affektive Vorurteile wegfallen.

Will ich also auf diese Weise singen, brauche ich Lieder, die sprachlich nicht allzu sehr überladen sind. Spielerische Worte und lautgebärdige Sätze, die nicht aufgesetzt erscheinen, sondern als Ausdruck ganzheitlicher Lebendigkeit erlebt werden können.

Bei dem Spiellied *Akunde – akundejo* (Vahle, 2002, S. 116) spüre ich das ganz deutlich. Das Lied braucht nicht nur den Kopf, sondern auch Arme, Beine, Hüften und Füße, und es braucht ein Herz, das alle diese Bewegungen beseelt. Ich merke es an den Gesichtern und insbesondere den Augen der Anwesenden, wenn ein solcher Prozess in Gang gekommen ist.

Jemand identifiziert sich voll und ganz mit einem Lied. Das Lied ist für ihn zum Ausdruck seiner eigenen Lebendigkeit, seines ersungenen Bewusstseins geworden. Vielleicht ist es sogar ein Lebensbegleiter.

Das erinnert mich an einen afrikanischen Stamm, in dem es Sitte ist, dass die Mutter noch vor der Geburt des Kindes, ja, noch vor seiner Zeugung auf die Inspiration durch ein Lied für das Kind wartet. Dazu geht sie in die Einsamkeit. Sie teilt dem zukünftigen Vater das Lied mit. Das Lied wird dann bei der Geburt des Kindes von den Nachbarinnen gesungen und in wichtigen Lebensetappen wiederholt. Dieses Lied ist ein Begleiter für das ganze Leben. Jemand, der eine feste sprachlich-musikalische Identitat hat, kann aber auch neugierig auf andere Menschen, auf andere Lieder werden …

So etwas muss nicht nur afrikanische Folklore und Mythologie sein. Es lässt sich auch etwas für uns Praktizierbares daraus machen:

*Zwei Gruppen von Teilnehmern singen und bewegen sich jeweils zu ihrem Lied. Sie tanzen und singen sich auf ihr Lied ein – ein wich-*

*tiger gruppendynamischer Prozess beginnt. Dann kommt Bewegung in die jeweilige Gruppe. Die Gruppenmitglieder begeben sich auf Wanderschaft. Dabei ruht jede Gruppe in ihrem Lied. Es ist auch hier Wegbegleiter. Jetzt begegnen sich beide Gruppen, und beide singen ihr Lied weiter, nehmen aber etwas von der Bewegung der anderen Gruppe auf. So kommt es zu einer rhythmischen Angleichung, die im gegangenen Fußrhythmus ihren Ausdruck findet. Die beiden Gruppen werden neugierig auf die Lieder der anderen. Sie vermischen sich, gehen durcheinander durch und singen jetzt das Lied der jeweils anderen Gruppe weiter. Nach einer Weile kehren sie um und holen sich ihr altes Lied zurück …*

Die Teilnehmer können stimmlich und am eigenen Leibe erleben, was interkultureller Austausch bedeutet und wie er ganz leiblich und nah praktiziert werden kann. Freilich wird dieser Prozess hier in gewisser Weise idealtypisch durchgespielt. Aber auch die möglichen Stolpersteine in diesem Prozess verdienen Aufmerksamkeit.

So kann eine Gruppe sich in ihrem Lied einkapseln, die eigene Energie nicht in Lebendigkeit und Offenheit einbringen, sondern das eigene Lied als Schutz bzw. als Prestige-Objekt behandeln, das gegen alles Fremde verteidigt werden muss. Diese Gruppe wird ihr Lied dann gar nicht abgeben wollen und können.

Oder das Lied ist nur noch in einem bestimmten Körperteil, z. B. im Kopf lebendig. Dann kann es auch zu keinem rhythmischen Ausgleich über die Füße kommen. Das Lied kann so langweilig und als starres Herdenritual empfunden werden. Nur das kopfgesteuerte Sprechen bleibt noch übrig. Das ganzheitliche Singen wird vergessen …

Es gibt noch zahlreiche andere Möglichkeiten, die den vorher genannten Prozess reduzieren und erstarren lassen. Und so etwas lässt sich auch allgemein auf die motorische, musikalische und sprachliche Kreativität beziehen. Sie ist gerade da gefordert, wo es um die alltägliche pädagogische und künstlerische Arbeit geht. – Ganz gewöhnliche Dinge auf außergewöhnliche Art tun, zur Wertschätzung menschlicher Lebendigkeit und Offenheit beitragen …

Ich glaube, auf diesem Hintergrund kann Kreativität immer wieder Praxis werden und aus dem abgehobenen Bereich schöner Vorstellungen ausbrechen. Und auf diesem Hintergrund kann auch die frische Form kindlicher Kreativität bis weit ins Erwachsenenleben hineinreichen.

Deta Margarete Stracke

# Heilsames Bilderschaffen in Psychotherapien mit Kindern und Jugendlichen

## *Einführung*

Die Nähe bildnerischer psychotherapeutischer Arbeit zu unbewussten, seelischen Strukturen eröffnet die Chance, sich Unsagbarem anzunähern und somit einen Weg auch in die Versprachlichung anzubahnen. Gerade wenn es sich um biografische Geschehnisse aus der Zeit vor dem Spracherwerb handelt oder um traumatische Ereignisse, die eine sprachliche Symbolisierung nicht zugelassen haben, zeigt sich die besondere Potenz des Bilderschaffens. Sie kann bisher nicht stattgefundene Symbolisierungsprozesse in Gang setzen und damit eine seelische Verarbeitung der problematischen Ereignisse und Traumatisierungen ermöglichen. Durch die sinnliche Qualität im Prozess der Gestaltung, durch das »Sich-Spiegeln« im »Gegenüber« des gestalteten Produktes und in der Auseinandersetzung mit dem zu respektierenden »Eigenleben« des Materials und des entstandenen Werkes werden seelisches Wachstum und Differenzierungsprozesse verstärkt.

Aber das Bild ist nicht nur ein Spiegel und ein materielles Gegenüber, sondern es ist das Geschöpf des Malenden. Der Malende kann sich selbst als Urheber und Autor seines Bildes wahrnehmen und damit entdecken, dass er auch Gestalter seines eigenen Lebens sein kann. Aber auch bei Mangelerlebnissen und körperlichen und seelischen Defiziten kann kunsttherapeutische Arbeit einen Ausgleich bieten. Das Bild widersetzt sich durch seine »handgreifliche« materielle »offensichtliche« Existenz der Verleugnung und erlaubt Weiterverarbeitung, Veränderung und damit auch Raum zum Probehandeln. Diese Fülle von Erlebensmöglichkeiten in gestalterischen Prozessen kann in der Psychotherapie, aber auch in anderen Zusammenhängen fruchtbar gemacht werden.

Zeichnen, Malen und plastisches Gestalten sind beliebte Tätigkeiten bei vielen Kindern und werden in jedem Kindergarten und jeder Schule praktiziert. Im häuslichen Bereich verliert das eigenständige Erschaffen von Bildern und Gestaltungen bedauerlicherweise an Bedeutung. Diese Abnahme von kreativer Tätigkeit im Kinderzimmer ist ein Verlust, denn Malen und Zeichnen sowie das Herstellen von Objekten können auf sehr wirksame Weise die Selbstwerdungsprozesse der Kinder fördern. Die psychische Wirksamkeit, die bildnerisches Gestalten für das Wohlbefinden, die Persönlichkeitsentwicklung und die Bearbeitung seelischer Konflikte haben kann, beruht unter anderem auch auf den biologischen und entwicklungspsychologischen Grundlagen unserer menschlichen Natur. Im Folgenden sollen dafür relevante Hypothesen, Erkenntnisse und Forschungsergebnisse dargestellt werden.

## *»Der kompetente Säugling«*

Das Bild der Welt hat sich im letzten Jahrhundert tief greifend gewandelt. Dabei hat sich auch das Menschenbild verändert. Sigmund Freud war der Meinung, dass er der Menschheit eine Kränkung zufüge, weil die Psychoanalyse deutlich mache, dass der Mensch nicht Herr im eigenen Haus sei, also nicht mit seiner Vernunft über seine Lebensführung bestimme, sondern vielmehr wesentlich von der Aktivität seines Unbewussten in seinen Wünschen, Handlungen und Entscheidungen abhängig sei. Die Einsicht, dass der Mensch oft aus irrationalen, ihm nicht zugänglichen inneren Quellen handelt, fühlt und denkt, ist inzwischen allgemein akzeptiert. In letzter Zeit wandelt sich das Bild des Menschen weiter in rasanter Weise. Technische Errungenschaften erlauben immer detailliertere Erkenntnisse über die biologischen Grundlagen des Menschen, zum Beispiel in Bezug auf die Funktionen des Gehirns, und beeinflussen damit auch die Psychotherapie. Für die Psychotherapie hat auch die moderne Säuglingsforschung erheblich zu einer Veränderung theoretischer Annahmen beigetragen.

Freud ging davon aus, dass der Säugling zu Beginn seines Lebens gegen äußere Reize geschützt in einer quasi autistischen Welt lebe, aus der er nach einigen Wochen langsam erwache und sich der Welt und der Mutter zuwende. Die Säuglingsforschung stellt diese Annahmen radikal in Frage. Dornes (1998) hat die Forschungsergebnisse einer breiteren Öffentlichkeit in seinem Buch *Der kompetente Säugling* zugänglich gemacht. Er zeigt dort, dass der Säugling schon von Geburt an über erhebliche Kompetenzen verfügt.

## *Die Entwicklung des Selbstgefühls und die supramodale Wahrnehmungsfähigkeit*

Die Säuglingsforscher Stern, Lichtenberg und andere beschreiben, wie die Entwicklung eines Selbstgefühls beim Säugling vor sich geht. Dabei ist die Fähigkeit des Säuglings, verschiedene Sinneseindrücke miteinander in Beziehung zu setzen und so ein komplexes Bild von sich selbst und der Welt zu entwickeln, bedeutungsvoll. Er muss also nicht erst mühsam die optischen Eindrücke mit den akustischen, den olfaktorischen, gustatorischen, sensorischen in Beziehung setzen, sondern erkennt seine Mutter als Gesamtes mit ihrem Aussehen, ihrer Stimme, ihrem Geruch, am Geschmack ihrer Milch, an den Körpergefühlen beim Angefasstwerden usw. So haben z. B. Säuglingsforscher in einem Experiment Säuglingen einen Noppenschnuller in den Mund gesteckt, ohne dass diese ihn zuvor sehen konnten. Die Babys konnten nach diesem Tasterlebnis im Mund den gerade gespürten Schnuller visuell zwischen anderen Schnullern wieder erkennen, wenn er ihnen gezeigt wurde. Sie konnten also das Tasterlebnis mit dem optischen Bild des Schnullers verbinden. In einem anderen Experiment zeigten Forscher Säuglingen Licht in unterschiedlichen Helligkeitsgraden und dazu einen Ton in unterschiedlicher Lautstärke. Es stellte sich heraus, dass Säuglinge den Ton bevorzugten, der in der Intensität zu dem zuvor gesehenen Licht passte. Es wird deutlich, dass der Säugling quasi von Anfang an über eine supramodale, ganzheitliche Wahrnehmungsfähigkeit verfügt, also aus verschiedenen Sinneseindrücken ein umfassendes ganzheitliches Bild der Welt entwickelt. Dabei scheint dem optischen Sinn eine besondere Bedeutung zuzukommen. Die Fähigkeit zu kreuzmodaler bzw. supramodaler Wahrnehmung und der Primat des optischen Sinns sind besonders relevant für die Wirksamkeit von gestalterischen Prozessen. Dass man in Formen und Farben Gefühle ausdrücken oder nach Musik malen kann, ist jetzt nachvollziehbar und heute den meisten Menschen, die sich damit befasst haben, vertraut, zumal in der Kunst Beispiele dafür bekannt sind: Kandinski setzte Musik und Farbe in Beziehung, und Mussorgskij übersetzte die »Bilder einer Ausstellung« in eine Orchestersuite.

## *Das Erlebnis der eigenen Wirksamkeit*

Das Aufkeimen eines Selbstgefühls im Säugling entwickelt sich aus der immer deutlicheren Wahrnehmung, in einem eigenen durch die Haut begrenzten Körper von bestimmten Ausmaßen zu leben. Dabei wird ein Innen und Außen allmählich deutlicher. Der Säugling spürt ein fühlbares Innenleben (z. B. Hungergefühle, Rhythmus der Atmung, Puls). Er spürt seine Haut bei Berührungen und erkennt seine Fähigkeit, die Gliedmaßen und den Kopf bewegen zu können.

Die Innenwahrnehmung einer Bewegung und der gleichzeitige optische Eindruck dieser Bewegung ermöglichen die Erkenntnis: »Das, was sich bewegt, bin Ich, ist mein eigener Körper.« Diese Selbsterfahrung wiederholt sich, wenn kleine Kinder mit großem Vergnügen ihre ersten Kritzelbilder machen und dabei die Spur ihrer Bewegung als Bleistiftspur auf dem Papier wieder erkennen. Sie erleben die Bleistiftspur als Beweis ihrer Existenz und ihrer Fähigkeit, etwas hervorbringen und in die Welt setzen zu können. Mit der Zeit kommt dazu die wachsende Fähigkeit, Bewegungen auch willkürlich steuern zu können und sogar etwas greifen und heranziehen oder ein Mobile in Bewegung setzen zu können. Dabei erlebt sich der Säugling als handelnde, die Welt verändernde Person. Diese Erfahrung der Selbstwirksamkeit scheint große Lustgefühle zu bereiten. Sie ist die Grundlage für die Erfahrung, nicht hilflos einer unberechenbaren und unverständlichen Welt ausgeliefert zu sein, wie es im autistischen Erleben der Fall ist, sondern diese Welt im eigenen Sinne beeinflussen und verändern zu können. Damit erlebt der Säugling sich weniger ausgeliefert an eine unverständliche Welt. Er spürt, wie er die Welt in seinem Sinne verändern kann. Dazu passt ein anderes Experiment der Säuglingsforscher: Mit einer bestimmten Saugtechnik konnten Säuglinge den Schalter eines Diaprojektors in einem Schnuller in Gang setzen. Die Säuglinge gerieten in lustvolle Aufregung, als sie den Zusammenhang zwischen ihrer Saugtätigkeit und dem Erscheinen der Dias entdeckten, und betätigten daraufhin immer wieder den Schalter, bis schließlich der Reiz des Neuen vorbei war und sie sich wieder anderen Ereignissen zuwandten. Auch hier können gestalterische Prozesse sehr intensive Erlebnisse ermöglichen, denn das Erleben der Urheberschaft und der Selbstwirksamkeit ist nicht nur den frühen Kritzeleien vorbehalten, sondern auch später eine wichtige Erfahrung beim Bildermalen.

### *Bilder als Selbsterkenntnismöglichkeit und Orte der Verwandlung*

Größere Kinder und auch Erwachsene kann ein selbst gemaltes Bild ebenso mit Stolz erfüllen wie das kleine Kind seine ersten Kritzelversuche. Dabei kann dem Malenden seine unverwechselbare Besonderheit vor Augen geführt werden. Mithilfe einfühlsamer kompetenter Unterstützung kann einem Kind oder Erwachsenen ermöglicht werden, im Bild Lösungen zu entwickeln und Auswege aus der eigenen Hilflosigkeit zu finden. So können z. B. im Bild entstandene bedrohliche Tiere, die – dem Kind nicht bewusst – eigene starke Gefühle oder äußerliche Bedrohungen symbolisieren können, verändert, übermalt oder mit schwarzen Pinselstrichen hinter Gitter gezwungen werden. Vielleicht tut es sogar besonders gut auf dem Bild entstandene Monster zu zerreißen oder zu verbrennen.

In der engen Bezogenheit zu seiner Mutter erkennt der Säugling sich selbst immer deutlicher als Subjekt, das die Zeit überdauert, also eine eigene Geschichte entwickelt und mit anderen Menschen in Beziehung tritt, sowie als Urheber eigener Handlungen und Quelle der eigenen Affektivität. Dabei wirkt die Mutter in ihrer Einstimmung auf ihren Säugling wie ein Spiegel, indem er sich erkennen kann oder wie ein Resonanzkörper, der den eigenen Ton erst zum Schwingen bringt und wahrnehmbar macht. Die Mutter wird zum Gefäß, das die überschießenden intensiven chaotischen Gefühle des Säuglings versteht, aufnimmt, mildert und verdaut, wenn sie ihn tröstet.

Auch beim Malen können überschießende Gefühle im Bild Platz finden. Indem sie Form und Farbe bekommen, werden sie quasi verdaut. In seiner Gestaltung spiegelt sich der Malende in seinem Bild. Manchmal begegnet ihm dabei Befremdliches, wenn im Bild verdrängte oder abgespaltene Gefühle oder Vorstellungen zum Ausdruck kommen. So kann sich eine langsame Annäherung und Integration abgespaltener oder verdrängter Impulse oder Vorstellungen anbahnen. Im starken motorischen Ausagieren können Knäuel von Bewegungsspuren die Intensität der inneren Bewegtheit dokumentieren oder die heiße Wut kann in grellroten Farbspuren aus dem Bild zurückleuchten. Dabei sind die starken Gefühle ein wenig aufs Bild übergegangen, haben dort eine Form gefunden und ein wenig von ihrer Destruktivität verloren. Vielleicht wird eine nie gefühlte Wut sogar zum ersten Mal im Bild sichtbar und damit wahrnehmbar. So kann die ungeplante manchmal sehr verborgene Wahrheit des Bildes das Ungesagte und Unsagbare allmählich ins Bewusstsein heben und den Zugang zu der frühen Welt der Sinne, der Bilder, der Gefühle wieder eröffnen.

## *Die Erfindung des Übergangsobjekts: Ursprung kreativen Schaffens*

Der Säugling erlebt die Möglichkeit einer beglückenden innigen Verbindung zur Mutter, wenn beide ein hohes Maß an gegenseitiger Abstimmung erreichen können

Der Säuglingsforscher Daniel Stern hat diese innige Beziehung zwischen Mutter und Kind mit dem Geschehen eines Tanzes verglichen, in dem sich beide Partner in vollendeter Harmonie miteinander bewegen. Wenn der Säugling diese geglückte innere Verbundenheit zu seiner Mutter immer wieder erleben kann, aber auch zeitweise allein auf sich selbst gestellt ist, entwickelt er die Fähigkeit, sich selbst zu trösten und so die beginnende Erkenntnis einer eigenen von der Mutter getrennten subjektiven Existenz aushalten zu können. Dabei hilft ihm ein tröstender Bettzipfel, ein Tuch oder ein Kuscheltier, das den Charakter eines Übergangsobjekts bekommen hat. Die Erkenntnis der Getrenntheit ist mit großem Schrecken verbunden, denn aus dieser Erkenntnis dämmert die Gewissheit, in einer absoluten existenziellen Abhängigkeit von der Fürsorge der Pflegeperson zu leben. Tatsächlich ist der Säugling den ihn betreuenden Personen auf Leben und Tod ausgeliefert, er kann nicht in die Küche gehen und sich Milch warm machen, wenn er von chaotischen Hungergefühlen überwältigt wird, oder sich Gesellschaft suchen, wenn er sich einsam fühlt und Trost und Anregung braucht. In dieser existenziellen Not findet und erfindet er sein erstes Symbol, ein Übergangsobjekt, wie Winnicott (1979) es nannte. Dieses Übergangsobjekt kann wie gesagt ein Bettzipfel oder Schmusetuch sein. Es verkörpert die tröstenden Funktionen der Mutter, ist durch die Bedeutungsverleihung etwas Selbstgeschaffenes und zugleich ein konkretes Ding aus weichem Stoff. Charakteristikum eines Übergangsobjekts ist, dass es im Grenzbereich zwischen äußerer materieller Wirklichkeit und innerem Erleben angesiedelt ist. Dieser Grenzbereich entwickelt sich zu einem Übergangsraum, in dem sich allmählich durch die oszillierende geistige Bewegung zwischen innerem und äußerem

Geschehen Symbolisierungstätigkeit entwickelt. Der Bettzipfel beginnt jetzt die abwesende Mutter zu symbolisieren.

Der Übergangsraum bleibt uns erhalten, er ist eine Errungenschaft, die uns Erwachsenen selbstverständlich ist und die wir ständig nutzen. Er ist der Ort, in dem Spielen und später auch Kunst entstehen können. Dieser Raum entwickelt sich mithilfe von Übergangsobjekten und der Auseinandersetzung über die Anwesenheit und Abwesenheit der Mutter sowie der Wahrnehmung der Getrenntheit von ihr bei einem gleichzeitigen Gefühl der Verbundenheit mit ihr. Die Beschäftigung mit der Anwesenheit und Abwesenheit sowie der Getrenntheit und Verbundenheit mit der Mutter führt schließlich zu einer Dialektik zwischen Fantasie und Realität. Diese Bewegung zwischen innerem und äußerem Geschehen ist uns wie gesagt als einigermaßen gesunden Erwachsenen selbstverständlich. Während wir uns morgens nach dem Aufstehen die Schuhe zubinden (also in der äußeren Realität handeln), sind wir in Gedanken schon bei den Erledigungen des Tages, und wenn wir den Kaffee aus der alten Tasse, einem Erbstück von Großtante Berta, trinken, denken wir an die Zeit, die wir mit ihr verbracht haben. Wir nutzen dabei die Errungenschaften unserer frühen Lebenszeit, die es uns ermöglichten, immer besser mithilfe von Übergangsobjekten das Alleinsein für begrenzte Zeit zu ertragen, allmählich sicher zwischen Fantasie und Realität zu unterscheiden und uns sowohl in der Fantasie als auch der Realität einigermaßen sicher zu fühlen. Die sich entwickelnde Vorstellungskraft ermöglicht es dem Säugling, sich mithilfe des Übergangsobjekts auch in Abwesenheit der Mutter nicht verlassen zu fühlen und dennoch wahrzunehmen, dass er im Moment allein ist. Damit wird die Wahrnehmung einer eigenen von den anderen getrennten Existenz möglich, ohne dabei in panische chaotische Gefühle zu stürzen. Diese seelischen Entwicklungs- und Differenzierungsprozesse verlaufen leider nicht immer ungestört. So kann z. B. im psychotischen Erleben die Erkenntnis für die Quelle von Handlungen und Gefühlen verschwimmen. Dabei können eigene Handlungen das Gefühl eigener Verursachung verlieren und stattdessen den

Charakter des Gemachten, des von anderen Gemachten bekommen. Die Unterscheidung zwischen Fantasie und Realität ist damit verloren gegangen. Die Dialektik zwischen Fantasie und Realität kann aber auch dadurch gestört sein, dass nur der eine Pol des dialektischen Spannungsbogens gelebt wird. So kann z. B. ein Mensch sehr den materiellen Dingen verhaftet und pragmatisch hauptsächlich mit der Machbarkeit der Dinge beschäftigt sein und so den Zugang zu seinem Innenleben, der Quelle seiner Fantasie, verlieren. Dabei fühlt er sich im bloßen Funktionieren immer entleerter und immer mehr zum Rädchen im Getriebe werden. Nicht selten passiert es auch, dass die Fantasien und Wünsche so sehr das Erleben bestimmen, dass die Realität verleugnet wird und nur die fantasiegeprägten Vorstellungen das Handeln bestimmen.

## *Verlust und Gewinn bei der Sprachentwicklung*

Eine einschneidende Veränderung im ganzheitlichen Erleben des Kleinkindes ist der Erwerb der Sprache. Sie ist ein großer Gewinn für das Kind. Es kann viel schneller und eindeutiger seine Wünsche formulieren und sich verständigen. Dass der Spracherwerb aber nicht nur einen Gewinn, sondern auch einen Verlust bedeuten kann, wird uns klar, wenn wir uns an Situationen erinnern, in denen wir nach Worten ringen, um schwer beschreibbare Gefühle und Gedanken mitteilen zu können. Wir stellen dann fest, dass man solche unsagbaren, nicht auf eine eindeutige Begrifflichkeit festlegbaren Zusammenhänge und Zustände noch am besten mit Metaphern beschreiben kann, das heißt, wir wählen eine Bildersprache, um unsere unsagbaren und damit unklaren Gedanken und Gefühle zu verdeutlichen. Wir greifen auf die Bilderwelt unserer frühen Kindheit zurück, wenn wir versuchen, uns mit Metaphern dem schwer Fassbaren zu nähern. Wir befinden uns dann im Bereich der Kunst, die mit ihren Gestaltungen Bereiche unserer Seele auslotet, die dem Alltagsbewusstsein fern liegen. Dass diese

Entfernung mit Sprachlosigkeit zu tun hat und dass Sprachlosigkeit zu Missverständnissen, Zerwürfnissen und Schlimmerem führen kann, brauche ich nicht erst zu sagen. Der Spracherwerb ist also ein Gewinn, aber auch ein Prozess, in dem unser ganzheitliches Erleben einen Bruch erfahren und uns etwas verloren gehen kann.

Nach dem Spracherwerb beginnt sich das Leben in Sagbares und Unsagbares aufzuteilen. Was alles unsagbar ist, hat nicht nur mit der Begrenztheit von Sprache zu tun, sondern auch mit kulturellen Traditionen und Tabus. Das Unsagbare gleitet mit der Zeit ins Unbewusste und wirkt dort unter der Oberfläche in Gefühlen, Träumen, Versprechern und »unvernünftigem« Verhalten. Die Schwierigkeit, die der Spracherwerb mit sich bringt, liegt aber nicht nur im Unsagbaren, sondern auch in der Verkennung von seelischer Realität. Wir kennen alle entnervte Eltern und sind vielleicht auch selbst manchmal so, dass wir dem tatsächlich müden Kind, das wütend protestiert, sagen: »Du bist ja nur müde, du gehörst ins Bett!« Das Kind ist müde, es ist aber auch wütend. Wenn z. B. die Wut des Kindes immer wieder umbenannt wird oder unbenannt bleibt und damit aus der Sprache ausgeschlossen wird, kann es dazu kommen, dass das Kind später vielleicht immer müde wird, wenn es eigentlich wütend ist. Falsche Zuschreibungen, Verkennungen oder Tabuisierungen können gelegentlich so weit gehen, dass ein Kind von Mutter oder Vater in einem solchen Ausmaß gesagt bekommt – möglicherweise noch mit Gewaltanwendung untermauert –, wie es ist oder sein sollte, was es fühlt oder zu fühlen hat, was es anstreben und wünschen soll und welche Ziele adäquat und nicht adäquat sind, bis es überhaupt keinen Zugang mehr zu seinen ursprünglichen Gefühlen, Wünschen und seinem so genannten wahren Selbst hat, denn gleichzeitig wurde dieses von seinen Eltern nicht gesehen und nicht gespiegelt. Statt selbst Initiativen zu entwickeln und seine eigenen Ziele zu verfolgen, reagiert der Mensch dann immer nur auf äußere Erwartungen und Forderungen und entwickelt ein falsches Selbst, eine fassadenhafte Persönlichkeit. Er ist dann völlig orientierungslos und beunruhigt, wenn äußere Leitlinien fehlen. Dieser Mensch ist durch die vielen Zuschreibungen, Interpretationen und Forderungen so weit von seinem ursprünglich ganzheitlichen Erleben entfernt, dass er nicht versteht, was mit ihm passiert, wenn er Trauer, Wut oder sogar Fröhlichkeit spürt. Wenn er diese Gefühle erkennt und das ist nicht immer der Fall, sagt er sich oder ihm wird gesagt: »Du hast doch gar keinen Grund, traurig oder wütend zu sein; dir geht es doch gut; du hast doch alles, was du brauchst!«

Durch gestalterische Prozesse, die ihre eigene von den Worten unabhängige Sprache sprechen, kann manchmal die verloren gegangene Quelle des inneren Erlebens wieder zugänglich gemacht werden. Die zuvor geschilderten Differenzierungs- und Loslösungsprozesse mithilfe eines Übergangsobjekts sowie die Schwierigkeiten, die der Spracherwerb mit sich bringen kann, sind nicht nur in der Säuglingszeit, sondern in gewisser Weise auch noch im späteren Leben wirksam.

## *Das Bild kann Übergangsobjektfunktionen haben*

Bei schwierigen Reifungsprozessen kann das selbst geschaffene Bild in seiner besonderen Eigenart als Ding der äußeren Welt und gleichzeitig Produkt unserer Fantasie sehr hilfreich sein. Der Ort zwischen innen und außen, der Übergangsraum, in dem das Bild angesiedelt ist, ermöglicht ihm, Container, Ventil, Trost, Hilfe, Ausdrucks- und Erkenntnismittel zu sein.

Wenn die Magie des Bildes das dargestellte Ungeheuer so belebt, dass der Maler in Angst gerät, tut es gut, es zu verändern, zu übermalen oder sich darüber klar zu werden, dass dieses Ungeheuer nur aus Papier und Farbe besteht. Wenn sich im Bild ein Abgrund auftut, ist es gut, eine Brücke darüber malen zu können; wenn die Trauer kommt, kann das Ersehnte im Bild anwesend sein.

So malte vor kurzem eine Jugendliche, deren Katze plötzlich gestorben war und die ganz verzweifelt darüber war, dass sie sich nicht richtig von der Katze hatte verabschieden können, mit Hingabe ein Bild dieser Katze und fand ein wenig Trost dabei.

Ein etwa 10-jähriger Junge, der bei Pflegeeltern lebte, hatte die Trauer um seinen verstorbenen Vater nicht verarbeiten können und fand großen Trost darin, für seinen Vater ein metaphorisches Bild zu malen, indem er das Werden und Vergehen der Natur symbolisierte. Er gestaltete einen Baum, der gleichzeitig in seiner Krone Frühling, Sommer, Herbst und Winter zeigte. Dieses Bild wurde in einem selbst geschaffenen Tongefäß draußen in der Natur verbrannt und konnte so nach seiner Vorstellung als ein von der Materialität befreites geistiges Symbol mit seinem verstorbenen Vater in Verbindung treten. So wie hier die Trauer im Bild eine Form findet und imaginierte Verbindungen mit dem Vater hergestellt werden konnten, um einen Abschied zu ermöglichen, können auch andere Gefühle durch bildnerischen Ausdruck und Formgebung eine Verwandlung und Verarbeitung erfahren.

## *»So tun als ob« in Spiel und Bild*

Auf unserem Entwicklungsweg gewinnen wir zwar immer mehr an Kompetenz und Erfahrung, aber wir müssen, wie schon in Bezug auf den Spracherwerb dargestellt, durchaus auch Verluste hinnehmen. Ein großer Gewinn ist die zunehmende Fähigkeit zu spielen. Diese Fähigkeit findet ihren Anfang im Erschaffen eines Übergangsobjekts. So wie bei der Erschaffung des Übergangsobjekts die Not erfinderisch gemacht hat, spielen kleine Kinder einfallsreich und gleichen dabei aus, was fehlt. Schon Dreijährige können eine imaginäre Teekanne holen und der Mutter imaginären Tee in eine unsichtbare Tasse füllen. Sie tun dabei so »als ob«, ohne die Fantasie mit der Realität zu verwechseln. Wenn sie ihre Spielfähigkeit weiter entwickeln, haben sie ein hervorragendes Instrument der Weltbewältigung und des Kompetenzerwerbs. Sie erschließen sich in Rollenspielen die Welt der Erwachsenen und weiten ihren Horizont. Sie können im sicheren heimischen Garten gefährliche Abenteuer im wilden Dschungel bestehen oder im Sandkuchenbacken eine Ahnung von der Arbeit und Geschäftsführung eines Bäckers bekommen.

Leider gibt es für die Kinder heute selten einen Garten, in dem man wilde Dschungelabenteuer erleben kann, und die Sandkästen auf den tristen Spielplätzen sind meistens für die Allerkleinsten reserviert. Viele Kinder unserer Zeit können nicht in Lebensbedingungen aufwachsen, die für eine optimale Entwicklung und die Entfaltung ihrer Fähigkeiten nötig wären. Viele Studien belegen, dass Kinder heutzutage vielfältige körperliche, emotionale und kognitive Entwicklungsprobleme haben. Diese Probleme haben mit unseren sehr veränderten Lebenswelten zu tun. Die Belastungen unserer postmodernen Kultur haben dazu geführt, dass Depressionen und Angststörungen nicht nur bei Erwachsenen, sondern auch oft bei Kindern vorkommen. Aufmerksamkeitsdefizitsyndrom (ADS) und Hyperaktivität werden immer häufiger diagnostiziert. Neben dem psychischen Leiden der Kinder sind auch die Familien und die Schulen dadurch belastet.

Wichtige Entwicklungsschritte und Erlebensweisen können durch gestalterische Prozesse gestärkt oder in gewisser Weise nachgeholt werden. Dazu muss Kindern und sogar Erwachsenen ein geschützter und unterstützender Rahmen geboten werden, in dem sie malerisch oder in anderer Weise gestalterisch Erfahrungen machen können. Kinder können sich dann den nicht in der Realität vorhandenen Garten als Bildrealität schaffen und im Bild Abenteuer erleben, ein Schlaraffenland fantasieren oder gefährliche Expeditionen unternehmen. So lieben es z. B. viele Kinder, sich die Unterwasserwelt in Bildern zu erschließen, und gewinnen so eine Vorstellung von der Tiefe des Meeres und seinen Geheimnissen. Gerade für Jungen sind Kampfsituationen zu Wasser, zu Land oder im Weltraum wichtige Themen, in denen sie im Bild sich erfolgreich gegen übermächtige Gegner wehren können. Gerne werden auch im Gegensatz zu Kampfszenen wunderbare Idyllen fantasiert, in denen Fronten und Gegensätze nicht zu Feindschaft führen. Wie im Paradies leben dann unterschiedliche Tiere miteinander, ohne einander etwas Böses zu tun. Prinzen und Prinzessinnen mit wunderschönen Kleidern entstehen und nähren die grandiosen Hoffnungen und Selbstgefühle der Malenden. Die nährende Qualität der Farben, Formen und Bildinhalte kann seelischen Hunger mildern. So schafft sich ein Junge, der tatsächlich in seiner frühen Kindheit schwer wiegende Entbehrungen hatte erleben müssen und auch konkret hungern musste, durch ein mit Hingabe gemaltes Bild vom Schlaraffenland eine symbolische Nahrung, die ein Stück weit die schmerzlichen Entbehrungen der Vergangenheit mildert und die Hoffnung stärkt, in der Zukunft selber für sich gut sorgen zu können oder auch versorgt zu werden. Das gestalterische Tun kann also Kompensationen für ungenügende Entwicklungs- und Entfaltungsmöglichkeiten bieten und Hoffnungen auf zukünftige Möglichkeiten nähren.

## *Von der Bedeutung, die gestalterische Tätigkeit in einer zukünftigen Schule haben könnte*

Der Schreck, den die PISA-Studie in der ganzen Bevölkerung ausgelöst hat und der jetzt in Politik und Pädagogik zu vielerlei Überlegungen und neuen Konzepten führt, mündet meistens in Plänen, die den naturwissenschaftlichen und sprachlichen Unterricht betreffen. Leider ergibt sich aus diesen Überlegungen häufig, dass bei den so genannten musischen Fächern gespart wird. Dabei könnten ein Ausbau und eine veränderte Konzeption dieser dem ganzheitlichen Erleben näheren Fächer viel dazu beitragen, dass sich Schüler neugieriger, lustvoller und kreativer dem Lernstoff zuwenden können. Dem Defizit an sinnlichen und motorischen Erfahrungs- und Handlungsmöglichkeiten und der von den Schülern versuchten Kompensation dieses Defizits durch Fernsehen und Computerspiele sollte nicht nur durch noch mehr Mathematikunterricht begegnet werden. Vielmehr wäre es sinnvoller, die Probleme an der Wurzel anzufassen. Wir können natürlich nicht das Rad zurückdrehen und die so genannte gute alte Zeit, in der angeblich so Vieles besser war, zurückzaubern, aber vielleicht ist es umgekehrt möglich, neue Wege zu gehen und Schule und Erziehung anders zu konzipieren. Vielleicht wird neben dem Vermitteln von Wissen und grundlegenden Kulturtechniken die Aufgabe zukünftiger pädagogischer Einrichtungen sein, den Verlust ganzheitlicher Erfahrungsmöglichkeiten der Kinder so weit wie möglich auszugleichen. Dabei könnten die musischen Fächer eine ganz neue Bedeutung und Gewichtung bekommen und erhebliche Beiträge zur geistig-seelischen Entwicklung der Schulkinder liefern.

Das bildnerische Gestalten hat gegenüber anderen künstlerischen Tätigkeiten einen großen Vorteil, und dieser Vorteil bedingt auch viele Aspekte der für die Persönlichkeitsentwicklung förderlichen Wirkung. Der Vorteil bildnerischer Tätigkeit gegenüber den anderen künstlerischen Ausdrucksformen besteht darin, dass das Malen Spuren hinterlässt, wie schon zu Beginn in Bezug auf die ersten Kritzelbilder von Kleinkindern dargestellt. Das Bild bleibt also als fertiges Produkt erhalten und wird ein sichtbares dauerhaftes Gegenüber, anders als die flüchtige Bewegung im Tanz oder der verklingende Ton in der Musik. Wenn die Möglichkeit besteht, in der Schule zumindest zeitweise den Bewertungsaspekt beiseite zu lassen und glaubhaft eine annähernd wertungsfreie geschützte Atmosphäre zu schaffen, in denen Kinder mit bildnerischen Mitteln inneres Erleben ausdrücken und experimentieren können, werden die heilsamen Aspekte des Bilderschaffens wirksam werden können.

## *Die Notwendigkeit einer kompetenten Begleitung heilsamer gestalterischer Prozesse*

In meiner Tätigkeit als Kunsttherapeutin in verschiedenen Kliniken sind mir sehr häufig Erwachsene begegnet, die sehr unangenehme Erinnerungen an den Kunstunterricht in der Schule hatten und überzeugt waren, überhaupt nicht malen zu können. Sehr oft gelang es durch geeignete Unterstützung, ein wenig von der verlorenen Freude an eigenen Bildern zurückzugewinnen.

Die freie bildnerische Arbeit schafft Möglichkeiten zur Stärkung des Selbstgefühls, zur psychischen Verarbeitung von Eindrücken, Erlebnissen und Gefühlen sowie die Möglichkeit, seelische Entwicklungsschritte zu fördern und sogar teilweise nachzuholen. Dabei ist natürlich zunächst einmal davon auszugehen, dass sich Kinder, auch wenn solche günstigen Umstände geschaffen würden, nicht sofort begeistert ins Malen stürzen. Viele Kinder werden einfühlsame Unterstützung und Ermunterung brauchen, um Freude am gestalterischen Experimentieren gewinnen zu können. Nicht selten kann man bei Kindern eine starke Selbstunsicherheit feststellen, die mit grandiosen Vorstellungen von der eigenen Person und dem eigenen Leben sowie mit dem Unvermögen etwas konkret zur Verwirklichung dieser Ideen zustande zu bringen, kontrastieren kann. Um gerade auch diesen Kindern die heilsamen Erfahrungen, die ihnen das eigene Bilderschaffen bieten kann, zugänglich zu machen, bedarf es entsprechender Ausbildung und Erfahrung.

### *Selbstunsicherheit und Grandiosität – ein Fallbeispiel*

In einer psychotherapeutischen Behandlung haben einige im Verlauf der Therapie entstandene Bilder besonders eindrucksvoll die Selbstunsicherheit und Grandiosität des etwa 10-jährigen Patienten sowie den heilsamen Beziehungsprozess in der Therapie deutlich gemacht. Der Junge hatte als Zweijähriger die Scheidung der Eltern erlebt und auch vor der Trennung wenig zuverlässige Betreuung durch die überforderte, selbst psychisch sehr labile Mutter erlebt. Auch dem Vater, der selbst als Heimkind aufgewachsen war, und der sehr jungen Stiefmutter gelang es nicht, dem Jungen eine ausreichend sichere emotionale Basis zu bieten. Er versuchte, dieses Defizit durch eine enge Bindung an seine beiden wenig älteren Brüder auszugleichen, und litt darunter, von diesen immer als der kleine Bruder nicht ernst genommen zu werden. Er gewöhnte sich eine sehr coole und schnodderige Art an, lebte wenn möglich draußen, war ständig mit Kindern aus der Nachbarschaft unterwegs und machte sehr waghalsige Unternehmungen. Wenn er vom Baum fiele und dann tot sei, wäre das nicht schlimm, sagte er einmal zu mir. Er konnte nicht spielen, und es war schwer, mit ihm ins Gespräch zu kommen. Aber seine Bilder, die Ausdruck seiner inneren Welt waren, boten mir die Möglichkeit zur Kommunikation. Das Gefühl der Bedrohtheit und Ungeborgenheit und daher die Notwendigkeit, sich zu bewaffnen, kommt deutlich in seinen Bildern zum Ausdruck, ebenso der Versuch, seine unsichere seelische Basis mit Grandiosität und Coolness zu überspielen. So kann man die dargestellten Bildinhalte als Selbstsymbole verstehen. Ich möchte drei seiner Bilder beschreiben.

Erstes Bild:

Sein erstes Bild zu Beginn der Therapie zeigt einen zentral in der Mitte des Bildes stehenden kleinen Baum, der gerade von einem Panzer überfahren wird. Anscheinend fühlte er sich in ähnlicher Weise von seiner Umwelt überfahren und ignoriert.

Zweites Bild:

Später zeigt sich sein Misstrauen in die Welt und sein daraus resultierendes starkes Kontrollbedürfnis in dem Bild eines unterirdischen Bunkers mit Überwachungs- und Verteidigungsinstrumenten und einer bedrohlichen Gewitteratmosphäre. Das Quälende seiner aus der Not geborenen Grandiosität erlebt er, als er einmal zwei große Bäume zu malen beginnt und diese Bäume ihm einfach über den Kopf wachsen. Er kann das Höhenwachstum der beiden Bäume nicht zum Abschluss bringen. Wir kleben einige Blätter an, und immer höher wachsen die Bäume. Er fühlt sich hilflos und findet erst einen Abschluss, als ich ihm helfe, die Kronen zu beenden. Die beiden riesigen Bäume beunruhigen ihn sehr, und er wird erst gelassener, als er im Bild beide Bäume mit zahlreichen Seilen in der Erde verankert hat, um sie gegen Umfallen und Sturmschäden zu sichern. So wurde erst ein lustvolles Leben in den Baumkronen möglich. Er malte Brücken, Baumhäuser, Leitern.

Drittes Bild:

Einige Zeit später entsteht ein Bild, in dem der Patient zu normaler Größe geschrumpft ist und als ein Kind neben mir als erwachsener Person erscheint. Wir gehen auf dem Bild Hand in Hand. Er genießt dabei das Gehaltenwerden und Geführtwerden. Ein wichtiger Schritt in der Heilung seiner Beziehungsstörung ist vollzogen.

## *Das Bilderschaffen als multimodales sinnliches Geschehen ermöglicht das Auftauchen unzugänglicher Gedächtnisinhalte*

Die Erlebnisse unserer Frühzeit sind kaum erinnerbar und schwer in Sprache zu fassen, weil sie vor der Zeit des Spracherwerbs liegen. Daher sind frühe Katastrophen schwer einer verbalen psychotherapeutischen Bearbeitung zugänglich, dennoch sind sie wirksam, prägen unser Lebensgefühl und wirken sich in Stimmungen, Spannungen und unverständlichen Reaktionen aus. Jedoch ermöglicht unsere supramodale Wahrnehmungs-Erlebnis- und Erinnerungsfähigkeit den Zugang zu sprachlich nicht kodierten Geschehnissen aus der Frühzeit unseres Erlebens und aus traumatischem unverarbeitetem Erleben. Auch erinnerbare, über Sprache mitteilbare Geschehnisse und Eindrücke können durch bestimmte sinnliche Reizmuster plötzlich ins Bewusstsein treten. So wie wir manchmal erleben, dass ein bestimmter Geruch plötzlich Erinnerungen an Spiele auf der Frühlingswiese oder an das weihnachtliche Plätzchenbacken wachruft, so kann ein bestimmter sensorischer Reiz sensorische und gefühlsmäßige Erlebensweisen aus der Frühzeit in uns wachrufen, auch wenn wir die Gefühle, die dann plötzlich auftauchen, nicht einordnen können.

Dazu die Erlebnisse eines etwa fünfjährigen Mädchens beim großformatigen Malen mit dickflüssiger Farbe. Sie hat dabei mit dem Pinsel und den Händen einen Baum mit Früchten gemalt. Im Himmel über dem Baum fliegt ein Vogel. Plötzlich scheint der

Malprozess sie an lustvolle anale Schmierereien zu erinnern, und sie lässt mit großer Lust den Vogel aus dem Himmel auf den Baum kacken. In der nächsten Woche wiederholt sie sehr vergnügt diesen Vorgang auf einem anderen Bild.

Sensorisches und gefühlsmäßiges Erleben, das nicht symbolisch verarbeitet werden kann, sei es, weil das kleine Kind noch keine Sprache entwickelt hat oder weil das Erleben traumatische Qualität hat und so die symbolische Verarbeitungsfähigkeit übersteigt, ist wie gesagt nicht unserem normalen Erinnerungsvermögen zugänglich. Das nicht Erinnerbare, nicht Sagbare ist aber nicht selten durch spontanes Malen in großen Formaten, aus der Großmotorik heraus plötzlich fühlbar, spürbar und auch als Bild vorhanden.

So erschien einer Jugendlichen im spontanen ungeplanten Malen aus der Bewegung heraus im Bild die Brosche ihrer verstorbenen Großmutter. Sie war gestorben, als das Mädchen drei Jahre alt war. Das Mädchen hatte diese Brosche, auf dem Schoß der Großmutter sitzend, häufig direkt vor Augen gehabt.

Die durch Malen erreichte Zugänglichkeit einer Szene aus der frühen Lebenszeit ist ohne die schon beschriebene eindrucksvolle kreuzmodale und supramodale Wahrnehmungsfähigkeit des Menschen nicht denkbar. Die als sensorisches und gefühlsmäßiges und sprachlich nicht symbolisiertes Geschehen gespeicherte Szene wird durch einen oder mehrere ähnliche Aspekte sensorischer Reize in der Gegenwart quasi getriggert und zugänglich. Da vor allen Dingen im großformatigen Malen mit der Hand vielfältige Sinneseindrücke möglich sind: das sensomotorische Bewegungserleben, das Spüren der feuchten Farbe unter den Fingern, der Geruch der Farbe, ihre Leuchtkraft und die Wahrnehmung der entstandenen Formen sowie der Ort und die Beziehungssituation, in der das Malen stattfindet, können dabei Geschehnisse und Lebensgefühle aus der eigenen Frühzeit oder aus traumatischem Erleben angestoßen werden und auftauchen.

Genau diese Möglichkeit macht das Bilderschaffen in der Psychotherapie und speziell in der Traumatherapie so wirkungsvoll, aber auch gefährlich. Denn nicht selten kann ungesteuert, durch ein Bild in Gang gebracht, unzugängliches Geschehen angetriggert und eine Retraumatisierung in Gang gesetzt werden.

## *Ausblick*

Meine Ausführungen machen deutlich, dass Malen trotz aller segensreichen, entwicklungsfördernden Eigenschaften auch gefährlich werden und Menschen in unverarbeitete Abgründe stürzen kann, aus denen sie vielleicht nicht so ohne weiteres herausfinden können. Es ist also nicht damit getan, den Kindern einen Raum und Material für die Möglichkeit der gestalterischen Welt- und Selbsterfahrung zu schaffen, sondern mindestens genauso wichtig ist eine kompetente Begleitung, die unterstützt, Halt bietet und Lösungen ermöglicht.

Schlussbemerkungen

# Wie eine ganze Gesellschaft das Spielen verlernt und was dann mit ihren Kindern passiert

Schaut man sich unter den Säugetieren um, so offenbart sich ein bemerkenswerter Zusammenhang: Je weniger die artspezifischen Verhaltensweisen durch angeborene Verhaltensprogramme determiniert sind, je weniger also die genetischen Programme die endgültigen Verschaltungsmuster zwischen den Nervenzellen im Gehirn bestimmen, desto besser sind die Nachkommen in der Lage, sich die entscheidenden Fähigkeiten und Fertigkeiten, auf die es in ihrem späteren Leben ankommt, selbst anzueignen. Und je mehr es für die Nachkommen einer bestimmten Art während ihrer Kindheit und Jugend noch hinzuzulernen gibt, desto mehr Zeit verbringen sie spielend. Man kann also am Spiel bereits die Beschaffenheit des Gehirns erkennen: Je mehr und je länger die Jungen einer bestimmten Art spielen, desto plastischer und lernfähiger ist ihr Gehirn. Hindert man junge Katzen oder kleine Affen an der spielerischen Erkundung der Welt, so erlischt ihr Spieltrieb. All das, worauf es in ihrem späteren Katzen- oder Affenleben ankommt, wird dann nicht erlernt. Sie sind dann eigentlich keine »richtigen« Katzen oder Affen mehr, eher eine Kümmerversion dessen, was aus ihnen hätte werden können.

Der Mensch besitzt das am wenigsten genetisch programmierte, offenste und lernfähigste Gehirn von allen Säugetieren. Menschenkinder müssen deshalb auch fast alles erlernen, worauf es in ihrem späteren Leben einmal ankommt. Logischerweise wäre also zu erwarten, dass sie weitaus mehr Zeit als alle anderen Säugetiere einfach nur spielend verbringen, und dass ihr Gehirn – wenn man sie am Spielen hindert – sich besonders leicht zu einer Kümmerversion dessen entwickelt, was daraus hätte werden können.

Die in diesem Buch zusammengestellten Beiträge haben aus verschiedenen Perspektiven deutlich gemacht, wie wichtig die spielerische Erkundung der Welt und die Entdeckung der eigenen Möglichkeiten zur Gestaltung dieser Welt für Kinder sind. In allen Beiträgen haben die Autoren ihre Besorgnis darüber zum Ausdruck gebracht, dass den in unsere hektische und leistungsorientierte Gesellschaft hineinwachsenden Kindern der Raum und die Zeit für die spielerische Selbst- und Welterkundung verloren zu gehen droht. Kinder, denen nur noch wenig Gelegenheit zum Spielen bleibt oder geboten wird, verlieren die Lust am Spielen und damit auch die Lust am Entdecken, die Lust am Lernen. Womöglich geht ihnen sogar die Lust am Leben, am Kindsein verloren.

Die Lage ist ernst. Wir sind dabei, die Hirnentwicklung unserer Kinder zu gefährden. Wo überall und wie leicht manchmal sich Spielräume für Kinder öffnen lassen, darauf haben die verschiedenen Beiträge hingewiesen. Wie in so vielen anderen Lebensbereichen, wissen wir auch hier recht gut, was zu tun wäre und worauf es ankäme, um aus der einmal entstandenen Misere herauszufinden. Damit das gelingt, müsste man die Gründe kennen, die in die betreffende Misere hineingeführt haben. Erst wenn man diese Ursachen einer Fehlentwicklung abstellt, lassen sich die notwendigen Änderungen zu ihrer Korrektur herbeiführen. Was also fehlt, sind Hinweise darauf, weshalb Eltern, Erzieher, Lehrer, Politiker und so manche Wissenschaftler in unserer Gesellschaft so lange tatenlos, hilflos oder gar ahnungslos zugeschaut haben, wie diese Spielräume für Kinder allmählich verschwunden sind.

Der erste Grund könnte darin liegen, dass die für die Erziehung von Kindern und Jugendlichen verantwortlichen Erwachsenen nicht gewusst oder vergessen haben, wie wichtig das Spiel für die Entwicklung des kindlichen Gehirns ist. Viele haben geglaubt, dass die für Selbstvertrauen, Mut und Ausdauer, für Neugier, Kreativität und Entdeckerfreude verantwortlichen neuronalen Verschaltungsmuster im Gehirn der Kinder quasi von allein entstehen, dass es sich bei diesen Fähigkeiten um etwas handelt, das Kinder durch ihre genetischen Anlagen automatisch mit auf die Welt bringen. Diese Anlagen, so haben sie geglaubt, entwickelten sich dann anschließend »programmgemäß« weiter, bei manchen Kindern besser, bei anderen schlechter. Das war offenbar ein fataler Trugschluss, der in einer Phase der Begeisterung über die Erfolge genetischer und molekularbiologischer Forschung entstanden, propagiert und in den Hirnen sehr vieler Erwachsener fest verankert worden ist.

Versucht man herauszufinden, weshalb diese offenbar falschen Vorstellungen so bereitwillig von großen Teilen der Bevölkerung akzeptiert und teilweise auch bereitwillig übernommen worden sind, so könnte man als weiteren Grund für die entstandene Misere Bequemlichkeit vermuten. Wer genetische Anlagen für das Gelingen oder Misslingen der kindlichen Hirnentwicklung verantwortlich machen kann, ist selbst der Verantwortung enthoben und braucht sich nicht allzu sehr um das zu kümmern, was ohnehin »nicht mehr viel bringt«. Darauf zu achten, dass Kinder genug Zeit und geeignete Räume zum Spielen finden, ist dann ebenso »nutzlos« wie mit ihnen zu tanzen, zu singen, zu wandern, ihnen Geschichten vorzulesen, mit ihnen Gedichte zu erfinden oder mit ihnen über Gott und die Welt zu reden. Aus einer solchen Perspektive wird all das leicht als »unnützes Zeug« und als Zeitverschwendung angesehen.

Schnell passiert es dann, dass man diese Zeit nur noch zum Geldverdienen, zum Aufbau einer eigenen Existenz, zur Erlangung von Anerkennung und Ansehen, zur eigenen Weiterbildung und Vervollkommnung nutzt. Natürlich braucht man auch Zeit für Freizeit und Erholung. Und die Kinder? Bei manchen Eltern passen sie nicht in dieses Leben. Da sie es aber einmal besser haben sollen, kommen sie in die Frühförderung, bekommen Musikunterricht und einen Computer mit Lernprogrammen, werden zum Sportverein, zum Reitlehrer und zur Ergotherapie gefahren. Und wenn sie die gewünschten Leistungen erbringen, gibt es eine Belohnung.

Wir wollen noch einen dritten Grund für die entstandene Erziehungs- und Bildungsmisere erwähnen: Wir leben in einer vom Wettbewerb geprägten, leistungsorientierten Gesellschaft. Und je stärker der Wettbewerbsdruck in einer solchen Gemeinschaft wird, desto mehr es auf Leistung, Effizienz und individuellen Erfolg ankommt, desto weniger Zeit und Raum bleiben den Menschen, Erwachsenen wie Kindern, zum Spielen, zum ungezielten, spielerischen und damit kreativen Entdecken der eigenen Fähigkeiten und Möglichkeiten. Der mit dem Wettbewerb einhergehende Leistungsdruck dringt dann von außen immer stärker in die Schulen, Erziehungseinrichtungen und schließlich auch in die Familien hinein. Im Gehirn der Einzelnen, zunächst der Erwachsenen und dann auch der ihnen anvertrauten Kinder, entsteht so ein immer fester werdendes inneres, ihr Denken, Fühlen und Handeln bestimmendes Bild von dem, worauf es im Leben ankommt: Ich muss bessere Leistungen erbringen als andere.

Auch diese Vorstellung konnte sich in unserer Gesellschaft nur so tief in die Hirne so vieler Menschen als unerschütterliche Grundüberzeugung eingraben, weil sie zumindest eine Zeit lang für viele sehr attraktiv erschienen und weil sie sich – wie die Idee von der genetischen Determiniertheit der kindlichen Hirnentwicklung – scheinbar wissenschaftlich begründen ließ: mit dem Verweis auf Darwin und die Evolution und den »Kampf ums Dasein« als entscheidende Triebfeder der Entwicklung alles Lebendigen.

Fehlentwicklungen, so müssen wir immer wieder leidvoll erfahren, verursachen wir meist dadurch, dass wir von falschen Voraussetzungen einen Prozess in Gang setzen, der uns irgendwann in eine Misere treibt. Indem wir den Wettbewerb zur Grundlage unserer eigenen Lebensgestaltung gemacht haben, sind uns – und wie in den Beiträgen dieses Buches überdeutlich geworden ist, vor allem unseren Kindern – die Zeit und der Raum und schließlich sogar die Lust zum Spielen abhanden gekommen. Wir haben uns zu Sklaven unserer einmal entwickelten Überzeugungen gemacht und sind dabei, unsere eigentliche Stärke – die ja auch irgendwie im Verlauf der Evolution entstanden sein muss – zu verlieren: die Neugier, die Kreativität und die Entdeckerfreude und nicht zuletzt die Fähigkeit, sich gemeinsam auf die Suche nach neuen Lösungen zu machen.

Der Ausweg aus diesem Dilemma lautet: Wir müssen uns von der Vorstellung verabschieden, der Wettbewerb sei das einzige Naturgesetz, dem wir zu folgen haben. Tatsächlich gibt es noch ein zweites, das auf den ersten Blick zwar noch recht ungewohnt »wissenschaftlich« klingt, das sich aber bei genauerer Betrachtung als die eigentliche Kraft herausstellt, die den durch Wettbewerb erzeugten Fehlentwicklungen entgegenwirkt: die Liebe (Hüther, 2000).

Auch das hatte Darwin schon erkannt. Der Wettbewerb führt nur zu einer immer weiteren Aufspaltung, Ausdifferenzierung und Spezialisierung der einmal im Verlauf der Evolution entstandenen Lebensformen. Das was schon vorhanden ist, wird durch Wettbewerb und natürliche Auslese immer höher, schneller, stärker, effektiver und vielleicht auch schlauer herausgeformt. Aber wirklich Neues, bisher noch nie Dagewesenes entsteht nicht durch Wettbewerb, sondern durch die »spielerische« Fehlerfreundlichkeit der genetischen Anlagen (Mutationen) und durch die mehr oder weniger zufällige, also ebenfalls »spielerische« Verschmelzung von unterschiedlichen genetischen Anlagen (Rekombination).

Bei den Tieren nennt man dieses Evolutionsprinzip »sexuelle Selektion«. Wir Menschen nennen das, was zwei Eltern dazu bringt, miteinander zu »verschmelzen« und etwas Neues, bisher noch nie Dagewesenes in die Welt zu setzen und sich anschließend gemeinsam darum zu kümmern, dass es dort auch optimal aufwachsen kann, nicht sexuelle Selektion und Partnerwahl, sondern Liebe. All denen, die dieses Gefühl kennen, wird es nicht schwer fallen, ihren Kindern das zu schenken, was sie mehr als alle »Förderung« brauchen: Spielräume, in denen sie sich und unsere Welt entdecken lernen.

# Literatur


Altenmüller, E.; Bangert, M.; Liebert, G.; Gruhn, W. (2000): Mozart in us: How the brain processes music. Medical Problems of Performing Artists, 15, S. 99-106.

Altenmüller, E.; Gruhn, W.; Parlitz, D.; Kahrs, J. M. (1997): Music learning produces changes in brain activation patterns: a longitudinal DC-EEG-Study. Int. J. of Arts Medicine, 5, S. 28–34.

Altenmüller, E.; Jabusch, HC; Walsh, G. (2002): Evidence for highly task-specific motor performance in synchronising contrary finger movements in different groups of instrumentalists. Abstract presented at the PAMA-conference 2002, Aspen.

Amunts, K.; Schlaug, G.; Jäncke, L.; Steinmetz, H.; Schleicher, A.; Dabringhaus, A.; Zilles, K. (1997): Motor cortex and hand motor skills: Structural compliance in the human brain. Human Brain Mapping, 5, S. 206–215.

Ariès, Ph. (1975): Geschichte der Kindheit. München: dtv.

Bacal, H. A.; Newmann, K. (1994): Objektbeziehungstheorien – Brücken zur Selbstpsychologie, Stuttgart: Frommann-Holzboog.

Bahrdt, H. P. (1974): Umwelterfahrung. Soziologische Betrachtungen über den Beitrag des Subjekts zur Konstitution von Umwelt. München: Nymphenburger Verlagsbuchhandlung.

Bangert, M. (2001): Auditiv-sensomotorische Integration bei komplexen hochtrainierten Wahrnehmungs- und Verhaltensleistungen: Analyse kortikaler Koaktivierungsprozesse am Beispiel des Klavierspiels. Dissertation, Universität Hannover.

Bangert, M.; Parlitz, D.; Altenmüller, E. (1999): On piano-playing. Mapping perception to action in piano practice: A longitudinal DC-EEG-study. Abstract presented at the Meeting of the Neuroscience Society, Los Angeles.

Bangert, M.; Parlitz, D.; Altenmüller, E. (1999): Wie auditorische und sensomotorische Hirnfunktionen beim Klavierlernen verschmelzen. Eine Untersuchung von Großhirnaktivierungsmustern. Musikphysiologie und Musiker-Medizin, 6, S. 53–61.

Bastian, H. G. (1997): Beeinflusst intensive Musikerziehung die Entwicklung von Kindern? Musikforum, 86, S. 4–22.

Bastian, H. G. (2000): Musik(erziehung) und ihre Wirkung. Mainz: Schott.

Baukus, P. (1993): Neurobiologische Grundlagen der Kunsttherapie. Vorgestellt am Beispiel der Schizophrenie. In: Baukus / Thies (Hrsg.), Aktuelle Tendenzen der Kunsttherapie. Stuttgart: Gustav Fischer.

Baumert, J. et al. (2001): PISA 2000, Basiskompetenzen von Schülerinnen und Schülern im internationalen Vergleich. Opladen: Leske & Budrich.

Bausinger, H. (1980): Heimat und Identität. In: Köstlin, K.; Bausinger, H. (Hrsg.), Heimat und Identität. Probleme regionaler Kultur. Kiel, S. 9–24.

Behne, K. E. (1995): Vom Nutzen der Musik. Musikforum, 82, S. 27–39.

Belton, T. (2001): Television and imagination: An investigation of the medium's influence on children's story-making. Media, Culture & Society, 23, S. 799–820.

Benedetti, G. (1998): »Das Schöpferische in der Therapie«. Tagungsband anlässlich der 5. Jahrestagung des Deutschen Fachverbandes für Kunst- und Gestaltungstherapie e.V. in Hamburg.

Benedetti, G. (1997): »Imagination in der Psychotherapie«. In: Kottje-Birnbacher, L.; Sachsse, U.; Wilke, E. (Hrsg.), Imagination in der Psychotherapie. Bern: Hans Huber.

Berlyne, D. E. (1969): Laughter, humor and play. In: Lindzey, G.; Aronson, E. (Hrsg.), Handbook of social psychology. Reading, MA: Addison-Wesley, Bd. 3, S. 795–852.

Biringen, Z.; Emde, R. N.; Campos, J. J.; Appelbaum, M. I. (1995): Affective reorganization in the infant, the mother, and the dyad: The role of upright locomotion and its timing. Child Development, 66, S. 499–514.

Bischof-Köhler, D. (1998): Zusammenhänge zwischen kognitiver, motivationaler und emotionaler Entwicklung in der frühen Kindheit und im Vorschulalter. In: Keller, H. (Hrsg.), Lehrbuch Entwicklungspsychologie. Bern: Hans Huber, S. 319–376.

Boesch, E. E. (1978): Kultur und Biotop. In: Graumann, C. F. (Hrsg.), Ökologische Perspektiven in der Psychologie. Bern: Hans Huber, S. 11–32.

Bornstein, M. H. (2003): Symbolspiel in der frühen Kindheit: Verhaltensanalytische, experimentelle und ökologische Aspekte. In: Papoušek, M. (Hrsg.), Spiel und Kreativität in der frühen Kindheit. Stuttgart: Pfeiffer bei Klett-Cotta.

Brooks Brenneis, C. (1998): Gedächtnissysteme und der psychoanalytische Abruf von Trauma-Erinnerungen. Psyche, 9/10, Jahrg. 52.

Buchholz, M. (1998): Die Methapher im psychoanalytischen Dialog. Psyche, 6, Jahrg. 52.

Chabris, C. F. (1999): Prelude or requiem for the »Mozart-Effect«. Nature, 400, S. 826 f.

Chan, A. S.; Ho, Y.; Cheung, M. (1998): Music training improves verbal memory. Nature, 396, S. 128.

Cobb, E. (1959): The ecology of imagination in childhood. J. of the American Academy of Arts and Science (Daedalus), 88, S. 537–548.

Costa-Giomi, E. (1999): The effects of three years of piano instruction on children's cognitive development. Journal of Research in Music Education, 47, S. 198–212.

Daser, E. (1998): Interaktion, Symbolbildung und Deutung. Forum der Psychoanalyse, 3, Bd. 14.

Deutsche Shell (Hrsg.) (2002): Jugend 2002. Frankfurt am Main: Fischer Taschenbuchverlag.

Doehlemann, M. (2000): Die Vermehrung der Langeweile durch ihre unaufhörliche Bekämpfung. In: Kemper, P.; Sonnenschein, U. (Hrsg.), Sucht und Sehnsucht. Rauschrisiken in der Erlebnisgesellschaft. Stuttgart: Philipp Reclam jun., S. 18–24.

Dornes, M. (1998): Müssen wir Margaret Mahlers Theorie revidieren? In: Burian, W. (Hrsg.), Der beobachtete und der rekonstruierte Säugling. Göttingen: Vandenhoeck & Ruprecht, S. 41–76.

Dornes, M. (1993): Der kompetente Säugling. Die präverbale Entwicklung des Menschen. Frankfurt am Main: Fischer.

Duncan, J.; Seitz, R.; Kolodny, J. et al. (2000): A neural basis for general intelligence. Science, 289, S. 457–480.

Elbert, T.; Pantev, Ch.; Wienbruch, Chr.; Rockstroh, B.; Taub, E. (1995): In creased cortical representation of the fingers of the left hand in string players. Science, 270, S. 305–307.

Elias, N. (1976): Der Prozess der Zivilisation. Frankfurt am Main: Suhrkamp.

Elschenbroich, D. (2001): Weltwissen der Siebenjährigen. Wie Kinder die Welt entdecken können. München: Kunstmann.

Emde, R. N.; Kubicek, L.; Oppenheim, D. (1999): Imaginative Realität in der Entwicklung frühkindlicher Sprache. Psyche, 3, Jahrg. 53.

Erikson, E. H. (1968): Kindheit und Gesellschaft. Stuttgart: Klett (jetzt Klett-Cotta), 11. Aufl. 2000.

Esser, M. (2000): Beweg-Gründe. Psychomotorik nach Bernard Aucouturier. München/Basel: Reinhardt, S. 27.

Fein, G. G. (1981): Pretend play in childhood: An integrative view. Child Development, 52, S. 1095–1118.

Fields, R. D.; Stevens-Graham, B. (2002): New Insights into neuron-glia communication. Science, 298, S. 556–562.

Freud, S. (1912/13): Totem und Tabu. GW Band IX, S. 1–194.

Freud, S. (1930): Das Unbehagen in der Kultur. GW Band XIV, S. 419–506.

Gardner, H. (1983): Frames of Mind. New York: Basic Books. Dt. Abschied vom IQ. Stuttgart: Klett-Cotta.

Gardner, H. (1999): Kreative Intelligenz. Frankfurt am Main: Campus Verlag.

Gebauer, K.; Hüther, G. (2001): Kinder brauchen Wurzeln. Neue Perspektiven für eine gelingende Entwicklung. Düsseldorf/Zürich: Walter Verlag.

Gebauer, K.; Hüther, G. (2002): Kinder suchen Orientierung. Anregungen für eine Sinn-stiftende Erziehung. Düsseldorf/Zürich: Walter Verlag.

Gebhard, U. (1997): Pädagogik und Architektur: Kinder in Schulhäusern. In: Hamburgische Architektenkammer (Hrsg.), Architektur in Hamburg. Jahrbuch 1997. Hamburg: Junius, S. 98–105.

Gebhard, U. (1999): Weltbezug und Symbolisierung. Zwischen Objektivierung und Subjektivierung. In: Bayer, H.; Gärtner, H.; Marquart-Mau, B.; Schreier, H. (Hrsg.), Umwelt – Mitwelt – Lebenswelt. Bad Heilbrunn: Klinkhardt, S. 33–53.

Gebhard, U. (2001): Kind und Natur. Die Bedeutung der Natur für die psychische Entwicklung. Zweite erweiterte Auflage. Opladen: Westdeutscher Verlag.

Gebhard, U.; Billmann-Machecha, E.; Nevers, P. (1997): Naturphilosophische Gespräche mit Kindern. Ein qualitativer Forschungsansatz. In: Schreier, H. (Hrsg.), Mit Kindern über Natur philosophieren. Heinsberg: Agentur Diek.

Goleman, D. (1995): Emotionale Intelligenz. München: Carl Hanser.

Gopnik, A.; Kuhl, P. K. und Meltzoff, A. N. (2001): Forschergeist in Windeln. 2. Auflage. Kreuzlingen/München: Heinrich Hugendubel Verlag.

Grossmann, K.; Grossmann, K. E. (2003): Der förderliche Einfluss psychischer Sicherheit auf das spielerische Explorieren kleiner Trobriand-Kinder. In: Papoušek, M.; von Gontard, A. (Hrsg.), Spiel und Kreativität in der frühen Kindheit. Stuttgart: Pfeiffer bei Klett-Cotta.

Gruhn, W. (1998): Der Musikverstand. Hildesheim: Olms-Verlag.

Hart, R. (1979): Children's experience of place. New York: Irvington Publishers Inc.

Haug-Schnabel, G. (2001): Aggressionen im Kindergarten. Praxisbuch Kita. Freiburg: Herder.

Haug-Schnabel, G. (2002): Prävention und Förderung – im Spannungsfeld von evolutionärer Ausstattung und kultureller Anforderung. In: Alt, K. W.; Kemkes-Grottenthaler, A. (Hrsg.), Kinderwelten. Anthropologie – Geschichte – Kulturvergleich. Köln: Böhlau, S. 41–48.

Haug-Schnabel, G.; Schmid-Steinbrunner, B. (2000): Suchtprävention im Kindergarten. So helfen Sie Kindern, stark zu werden. Praxisbuch Kita. Freiburg: Herder.

Haug-Schnabel, G.; Schmid-Steinbrunner, B. (2002): Wie man Kinder von Anfang an stark macht. So können Sie Ihr Kind erfolgreich schützen – vor der Flucht in Angst, Gewalt und Sucht. Ratingen: Oberstebrink.

Heckhausen, H. (1987): Emotional components of action: Their ontogeny as reflected in achievement behavior. In: Görlitz, D.; Wohlwill, J. F. (Hrsg.),

Curiosity, imagination, and play. Hillsdale, N.J.: Lawrence Erlbaum, S. 326–348.
Hemmati-Weber, M. (1992): Von Menschen und Dingen. Hamburg: Dr. Kovac.
Hetland, L. (2000): Learning to make music enhances spatial reasoning. J. Aesthetic Education, 34, S. 179–237.
Holcomb, B. (1977): The perception of natural vs. built environments by young children. In: Northeastern Forest Experiment Station: Children, nature, and the urban environment. USDA Forest Service General Technical Report NE-30, Upper Darby, S. 33–38.
Huizinga, J. (1962): Homo ludens: Vom Ursprung der Kultur im Spiel. Hamburg: Rowohlt.
Hund-Georgiadis, M.; Cramon, D. Y. von (1999): Motor-learning-related changes in piano players and non-musicians revealed by functional magnetic-resonance signals. Experimental Brain Research, 125, S. 417–425.
Husemann, A. J. (2001): Der Leib der Sprache. Die Luftlautformen als Urphänomene der Sprache und der Eurythmie. In: Zinke, J.: Luftlautformen sichtbar gemacht. Stuttgart: Freies Geistesleben, S. 72–87.
Hüther, G. (2000): Die Evolution der Liebe. Göttingen: Vandenhoeck & Ruprecht.
Hüther, G. (2002): Wohin, wofür, weshalb? Über die Bedeutung innerer Leitbilder für die Hirnentwicklung. In: Gebauer, K.; Hüther, G. (Hrsg.): Kinder suchen Orientierung. Anregungen für eine Sinn stiftende Erziehung. Düsseldorf/Zürich: Walter Verlag, S. 20–29.
Jahoda, G. (1958): Child animism. A critical survey of cross-cultural research. Journal of Social Psychology, 47, S. 197–212.
Job, H. (1988): Passen Brachflächen in die Erholungslandschaft? Natur und Landschaft, 63, S. 470–473.
Johannsmeier, E. (1985): Über die Notwendigkeit von Naturerfahrungen bei kleinen Kindern. Das Gartenamt, 34, S. 292–300.
Kaminer, I. (1999): Die intrauterine Dimension des Menschen. Psyche, 2. Jahrg., 53.
Kruse, L.; Graumann, C. F. (1978): Sozialpsychologie des Raumes und der Bewegung. Kölner Zeitschrift für Soziologie und Sozialpsychologie, Sonderheft 20, S. 177–219.
Kükelhaus, H. (1956): Dennoch heute. Heidenheim: Heidenheimer Verlagsanstalt.
Lapierre, A.; Aucoutourier, B. (1998): Die Symbolik der Bewegung. München/Basel: Reinhardt.
Largo, R. H. (2003): Spielend lernen. In: Papoušek, M.; von Gontard, A. (Hrsg.), Spiel und Kreativität in der frühen Kindheit. Stuttgart: Pfeiffer bei Klett-Cotta.

Leuschner, W. (2001): Über den Visualisierungszwang bei der Traumbildung. Psyche, 3. Jahrg., 56, S. 306.
Lichtenberg, J. D. (1991): Psychoanalyse und Säuglingsforschung, Berlin/New York: Springer.
Lynch, J. J. (1987): Die Sprache des Herzens. Wie unser Körper im Gespräch reagiert. Paderborn: Junfermann.
Mackintosh, N. J. (1998): IQ and Human Intelligence. Oxford: Oxford University Press.
Mähler, C. (1995): Weiß die Sonne, dass sie scheint? Eine experimentelle Studie zur Deutung des animistischen Denkens bei Kindern. Münster/New York: Waxmann.
Mead, M. (1966): Neighborhoods and human needs. Athen: Ekistics.
Mitscherlich, A. (1965): Die Unwirtlichkeit unserer Städte. Frankfurt am Main: Suhrkamp.
Montessori, M. (1994): Kinder lernen schöpferisch. Freiburg: Herder.
Moore, R., Young, D. (1978): Childhood outdoors: Toward a social ecology of the landscape. In: Altmann, I.; Wohlwill, J. F. (Hrsg.), Children and the Environment. London: Plenum Press, S. 83–130.
Morris, C. (1994): Das Tier Mensch. München: VGS.
Moser, U. (1999): Selbstmodelle und Selbstaffekte im Traum. Psyche, 3. Jahrg., S. 53.
Nohl, W.; Scharpf, H. (1976): Erlebniswirksamkeit von Brachflächen. In: Brachflächen in der Landschaft. Münster-Hiltrup: KTBL-Schrift.
Oerter, R. (1973): Moderne Entwicklungspsychologie. 13. Auflage. Donauwörth: Auer.
Oerter, R. (2003): Als-ob-Spiele als Form der Daseinsbewältigung in der frühen Kindheit. In: Papoušek, M.; von Gontard, A. (Hrsg.), Spiel und Kreativität in der frühen Kindheit. Stuttgart: Pfeiffer bei Klett-Cotta.
Ogden, Th. (1997): Über den potenziellen Raum. Forum der Psychoanalyse, Bd. 13.
Otterstädt, H. (1962): Untersuchungen über den Spielraum von Vorortkindern einer mittleren Stadt. Psychologische Rundschau 13, S. 275–287.
Papoušek, H. (1967): Experimental studies of appetitional behavior in human newborns and infants. In: Stevenson, H. W.; Hess, E.; Rheingold, L. (Hrsg.), Early behavior: Comparative and developmental approaches. New York: Wiley. S. 249–277.
Papoušek, H.; Papoušek, M. (1974): Mirror image and self-recognition in young human infants: In: A method of experimental analysis. Developmental Psychobiology, 7(2), S. 149–157.
Papoušek, H.; Papoušek, M. (1977a): Das Spiel in der Frühentwicklung des Kindes. Suppl. Pädiatrische Praxis, 18, S. 17–32.
Papoušek, H.; Papoušek, M. (1977b): Mothering and the cognitive headstart:

Psychobiological considerations. In: Schaffer, H. R. (Hrsg.), Studies in mother-infant interaction. London/New York: Academic Press, S. 63–85.

Papoušek, M. (1984): Wurzeln der kindlichen Bindung an Personen und Dinge. Die Rolle der integrativen Prozesse. Roots of infants' attachment to persons and objects. The role of integrative processes. In: Eggers, C. (Hrsg.), Bindungen und Besitzdenken beim Kleinkind. München: Urban & Schwarzenberg, S. 155–184.

Papoušek, H.; Papoušek, M. (1987): Intuitive parenting: A dialectic counterpart to the infant's integrative competence. In: Osofsky, J. D. (Hrsg.), Handbook of infant development. 2. Auflage. New York: Wiley, S. 669–720.

Papoušek, M.; Papoušek, H.; Harris, B. J. (1987): The emergence of play in parent-infant interactions. In: Görlitz, D.; Wohlwill, J. F. (Hrsg.), Curiosity, imaginations, and play. On the development of spontaneous cognitive and motivational processes. Hillsdale, NJ: Erlbaum.

Papoušek, H.; Papoušek, M. (1990) Die Kunst der Mutterliebe. In: F. S. Europe (Hrsg.), Wissenschaft und Technik in Europa. Heidelberg: Spektrum der Wissenschaft, S. 382–387.

Papoušek, M. (1994): Vom ersten Schrei zum ersten Wort. Anfänge der Sprachentwicklung in der vorsprachlichen Kommunikation. From the first cry to the first word. Beginnings of speech development in preverbal communication. Bern: Huber.

Papoušek, H.; Papoušek, M.; Bornstein, M. H. (2000): Spiel und biologische Anpassung. In: S. Hoppe-Graff & R. Oerter (Hrsg.), Spielen und Fernsehen: Über die Zusammenhänge von Spiel und Medien in der Welt des Kindes. Weinheim: Juventa, S. 21–46.

Papoušek, H.; Papoušek, M.; Kestermann, G. (2000), Preverbal communication: Emergence of representative symbols. In: Budwig, N.; Uzgiris, I. C.; Wertsch, J. V. (Hrsg.), Communication: An arena of development. Advances in applied developmental psychology. Stamford: Ablex Publishing Corp., S. 81–107.

Papoušek, M. (2002): Auswirkungen der Wochenbettdepression auf die frühkindliche Entwicklung. In: Braun-Scharm, H. (Hrsg.), Depression im Kindes- und Jugendalter. Stuttgart: Wissenschaftliche Verlagsgesellschaft.

Papoušek, M. (2003): Gefährdungen des Spiels in der frühen Kindheit: Klinische Beobachtungen, Entstehungsbedingungen und präventive Hilfen. In: Papoušek, M.; von Gontard, A. (Hrsg.), Spiel und Kreativität in der frühen Kindheit. Stuttgart: Pfeiffer bei Klett-Cotta.

Papoušek, H. (2003): Spiel in der Wiege der Menschheit. In: Papoušek, M.; von Gontard, A. (Hrsg.), Spiel und Kreativität in der frühen Kindheit. Stuttgart: Pfeiffer bei Klett-Cotta.

Pärt, A. (1984): Beiheft zu Tabula rasa. CD, ECM, 1275.

Patzlaff, R. (2000): Der gefrorene Blick. Physiologische Wirkungen des

Fernsehens und die Entwicklung des Kindes. Stuttgart: Freies Geistesleben.
Patzlaff, R. (2001): Jeder Laut eine strömende Plastik. Luftlautformen und die Sprachnot unserer Zeit. In: Zinke, J.: Luftlautformen sichtbar gemacht. Stuttgart: Freies Geistesleben, S. 10–17.
Piaget, J. (1978): Das Weltbild des Kindes. Stuttgart: Klett-Cotta (Französische Erstausgabe: 1926).
Plooij, F. X.; Rijt-Plooij, H. H. (1989): Evolution of human parenting: Canalization, new types of learning, and mother-infant-conflict. European Journal of Psychology of Education 4, 2, S. 177–192.
Portmann, A. (1960): Naturwissenschaft und Humanismus. In: K. Jaspers, A. Portmann: Zwei Reden. München.
Rauscher, F.; Shaw, G. L.; Ky, K. N. (1995): Listening to Mozart enhances spatial-temporal reasoning: towards a neurophysiological basis. Neuroscience Letters, 185, S. 44–47.
Rumpf, H. (1991): Erlebnis und Begriff. Verschiedene Weltzugänge im Umkreis von Piaget, Freud und Wagenschein. Zeitschrift für Pädagogik 37, 1991, S. 329–346.
Sanders, B. (1995): Der Verlust der Sprachkultur. Frankfurt am Main: Fischer.
Schlaug, G.; Chi, Chien (2001): The brain of musicians: a model for functional and structural adaptation. In: Zatorre, R.; Peretz, I. (Hrsg.), The Biological Foundations of Music. Annals of the New York Academy of Sciences, Bd. 930, S. 281–300.
Schlaug, G.; Jäncke, L.; Huang, Y.; Steinmetz, H. (1995a): Increased corpus callosum size in musicians. Neuropsychologia, 33, S. 1047–1055.
Schlaug, G.; Jäncke, L.; Huang, Y.; Steinmetz, H. (1995b): In vivo evidence of structural brain asymmetry in Musicians. Science, 267, S. 699–701.
Schuppert, M.; Münte, T. F.; Wieringa, B. M.; Altenmüller, E. (2000): Receptive Amusia: A common symptom following unilateral cerebro-vascular cortical lesions. Brain, 123, S. 546–559.
Scott, L. (1992): Attention and perseverance behaviours of preschool children enrolled in Suzuki violin lessons and other activites. Journal of Research in Music Education, 40, S. 225–235.
Searles, H. F. (1960): The nonhuman environment in normal development and schizophrenia. New York .
Sebba, R. (1991): The Landscape of childhood. The reflection of childhood's environment in adult memories and childrens attitudes. Environment and Behavior, 23, S. 395–422.
Spearman, C. (1904): General intelligence, objectively determined and measured. American Journal of Psychology, 15, S. 201–293.
Steiner, R. (1919/1920): Zehn Vorträge. Stuttgart: Erster wissenschaftlicher Kurs (Lichtkurs). Dornach, 1961.

Stern, D. N. (1985): The interpersonal world of the infant. New York: Basic Books, S. 214–246. Dt. Die Lebenserfahrung des Säuglings. Stuttgart: Klett-Cotta.
Stern, D. N. (1991): Tagebuch eines Babys. München: Piper.
Stracke, D. M. (2002): »Die heilsame Potenz des Bilderschaffens«, Kunst & Therapie, Identitäten 2001/2002. Claus Richter Verlag.
Stracke, D. M. (2000): Überlegungen zur Funktion und Wirkungsweise bildnerischen Gestaltens innerhalb der Kinder- und Jugendlichen-Psychotherapie. Analytische Kinder- und Jugendlichenpsychotherapie, Heft 105, Jahrg. XXXI.
Terman, L. M.; Oden, M. H. (1925): Genetic studies of Genius: Mental and physical traits of one thousand gifted children. Stanford: Stanford University Press.
Thompson, W. F.; Schellenberg, E. G.; Husain, G. (2002): Decoding speech prosody: Do music lessons help? Vortrag auf der Tagung »The Neurosciences and Music«.Venedig, Oktober 2002.
Tomatis, A. (1997): Der Klang des Universums. Düsseldorf: Artemis & Winkler.
Trommer, G.; Noack, R. (1997): Die Natur in der Umweltbildung. Perspektiven für Großschutzgebiete. Weinheim: Studienverlag/Beltz.
Tronick, E. (1989): Emotions and emotional communication in infants. American Psychologist, 44, S. 112–119.
Tuan, Y. F. (1978): Children and the natural environment. In: Altmann, I.; Wohlwill, J. F. (Hrsg.), Children and the Environment. London: Plenum Press, S. 5–32.
Unterbruner, U. (1991): Umweltangst – Umwelterziehung. Linz: Veritas.
Vahle, F. (2002): Bewegliche Lieder oder Musik macht Beine. Reinbek: Rowohlt.
Vassi, M. (1984): Lying down. Santa Barbara.
Vincze, L.; Vincze, F. (1964): Die Erziehung zum Vorurteil. Wien.
Waldvogel, B. (1997): Die Entwicklung von phänomenaler Welt und innerer Welt. Gestalt Theory 19, 2, S. 67–79.
Wallin, N.; Merker, B.; Brown, S. (2000): The Origins of Music. Cambridge, MA: MIT-Press.
Weber, E. W.; Spychiger, M.; Patry, J. L. (1993): Musik macht Schule. Essen: Blaue Eule Verlag.
Weinberg, P. (1992): Eine Welt in Bewegung. taz, 11. 12. 1992, S. 12.
Winnicott, D. W. (1990): Der Anfang ist unsere Heimat. Stuttgart: Klett-Cotta.
Winnicott, D. W. (2002): Vom Spiel zur Kreativität. 10. Auflage. Stuttgart: Klett-Cotta.
Wormser, L. (1993): Die Flucht vor dem Gewissen. 2. Auflage. Berlin/New York: Springer.

Wunsch, A. (1998): Droge Verwöhnung. Plädoyer für eine andere Erziehung. DIE ZEIT, 41, S. 89.
Wygotsky, L. S. (1978): Mind in society: The development of higher psychological processes. Cambridge, MA: Harvard University Press.
Yarrow, L. J.; Rubinstein, J. L.; Pedersen, F. A. (1975): Infant and Environment: Early Cognitive and Motivational Development. New York.
Zinke, J. (2001): Luftlautformen sichtbar gemacht. Sprache als plastische Gestaltung der Luft. Stuttgart: Freies Geistesleben.

# Autoren

**Altenmüller, Prof. Dr. med. Eckart**
Neurologe und Musiker, Direktor des Instituts für Musikphysiologie und Musiker-Medizin der Hochschule für Musik und Theater, Hannover, Medizinstudium in Tübingen, Paris und Freiburg/Brsg., Musikstudium an der Musikhochschule Freiburg.
Promotionsarbeit in der Abteilung Neurophysiologie der Universität Freiburg, Neurophysiologische Ausbildung in Freiburg,
Facharztausbildung, Habilitation und Oberarztposition an der Neurologischen Universitätsklinik Tübingen, seit 1994 Universitätsprofessor. Forschungsarbeiten auf dem Gebiet des zentralnervösen Verarbeitung von Musik und der Sensomotorik des Musizierens. Lehre an der Hochschule für Musik und Theater Hannover und an der Medizinischen Hochschule Hannover. Publikationen: Macht musizieren intelligent? Musikimpulse Journal 2, 4–13 (2001); Mozart in uns: Wie das Gehirn Musik verarbeitet. Gehirn und Geist 1, 18–25 (2002).

**Gebauer, Karl**
Pädagoge und Autor, war 25 Jahre lang Rektor der Leineberg-Grundschule in Göttingen. Zusammen mit Prof. Gerald Hüther organisiert und leitet er die jährlich stattfindenden Göttinger Kongresse zu Erziehungs- und Bildungsfragen. Er ist Mitinitiator des Netzwerkes www.win-future.de
Arbeitsschwerpunkte: Die Bedeutung der Emotionalität in Erziehungsprozessen, Gewalt in der Schule, Verhaltensauffälligkeiten im Kindesalter.
Publikationen: Ich hab sie ja nur leicht gewürgt. Mit Schulkindern über Gewalt reden, 1996; Turbulenzen im Klassenzimmer. Emotionales Lernen in der Schule, 1997; Wenn Kinder auffällig werden – Perspektiven für ratlose Eltern, 2000; Stress bei Lehrern. Probleme im Schulalltag bewältigen, 2000; zusammen mit Gerald Hüther (Hrsg.): Kinder brauchen Wurzeln, 2001; Kinder suchen Orientierung, 2002.

**Gebhard, Prof. Dr. Ulrich**
Lehrt an der Universität Hamburg im Fachbereich Erziehungswissenschaft, Studium der Biologie und Germanistik, psychoanalytische Ausbildung, vier Jahre Lehrer. Aktuelle Arbeitsschwerpunkte: psychische Bedeutung von Natur; Deutungsmuster und Werthaltungen von Kindern gegenüber Natur; Bedeu-

tung der Sinndimension bei Lernprozessen. Gebhard, U. (2003): Die Sinndimension im schulischen Lernen: Die Lesbarkeit der Welt – Grundsätzliche Überlegungen zum Lernen und Lehren im Anschluss an PISA. In: B. Moschner, H. Kiper, U. Kattmann (Hrsg.): PISA 2000 als Herausforderung. Perspektiven für Lehren und Lernen. 2003; Kind und Natur. Die Bedeutung der Natur für die psychische Entwicklung, 2001; Todesverdrängung und Umweltzerstörung. In: Becker, U./Feldmann, K./Johannsen, F. (Hrsg.): Sterben und Tod in Europa, 1998; Wie die Gene ins Feuilleton kommen: Fantasien und Alltagsmythen. In: A. Dally, Ch. Wewetzer (Hrsg.): Die Logik der Genforschung. Wohin entwickeln sich molekulare Biologie und Medizin? 2002.

**Haug-Schnabel, Dr. rer. nat. Gabriele**
Priv. Doz., Verhaltensbiologin, zwei Kinder, Biologie-, Geographie- und Völkerkundestudium an der Universität Freiburg, Spezialisierung zur Verhaltensbiologin, nach interdisziplinärer Habilitation (Biologie, Medizin, Psychologie), seit 1992 Privatdozentin mit Lehrauftrag an der Philosophischen Fakultät (Bereich Psychologie) der Universität Freiburg.
Beteiligung an mehreren interdisziplinären Forschungsprojekten zum kindlichen Verhalten und internationalen Workshops zur Verhaltensbeobachtung und -analyse. Initiatorin und Leiterin der 1993 gegründeten Forschungsgruppe Verhaltensbiologie des Menschen in Kandern (FVM, GdbR).
Forschungs- und Arbeitsgebiete: Humanethologie, evolutionäre Psychologie; Themen: Verhaltensontogenese, Verhaltensstörungen, Kommunikation, Aggressivität, Sexualität, Spielen, Lernen, Leistung, Suchtprävention, Pubertät. Publikationen: Seelmann K., Haug-Schnabel G.: Woher kommen die kleinen Jungen und Mädchen?, 1996; Haug-Schnabel G.: Aggressionen im Kindergarten. Praxisbuch Kita, 3. Aufl. 2002; Haug-Schnabel, G., Schmid-Steinbrunner, B.: Suchtprävention im Kindergarten. So helfen Sie Kindern stark zu werden. Praxisbuch Kita, 2000; Haug-Schnabel, G., Schmid-Steinbrunner, B.: Wie man Kinder von Anfang an stark macht. So können Sie Ihr Kind erfolgreich schützen – vor der Flucht in Angst, Gewalt und Sucht, 2002; Haug-Schnabel, G.: Wie Kinder sauber werden können – Was Sie als Eltern wissen müssen, damit das Sauberwerden klappt, 2002.

**Hüther, Prof. Dr. rer. nat. Dr. med. habil. Gerald**
ist Professor für Neurobiologie an der Psychiatrischen Klinik der Universität Göttingen. Zuvor, am Max-Planck-Institut für experimentelle Medizin, hat er sich mit Hirnentwicklungsstörungen und mit der langfristigen Modulation monoaminerger Systeme beschäftigt; als Heisenbergstipendiat hat er ein Labor für neurobiologische Grundlagenforschung aufgebaut.
Zusammen mit Karl Gebauer organisiert und leitet er die jährlich stattfinden-

den Göttinger Kongresse zu Erziehungs- und Bildungsfragen. Er ist Mitinitiator des Netzwerkes: www.win-future.de. Publikationen: Zahlreiche wissenschaftliche Publikationen. Sachbuchautor. Zuletzt sind erschienen: Biologie der Angst. Wie aus Stress Gefühle werden, 1997; Evolution der Liebe, 1998; Bedienungsanleitung für ein menschliches Gehirn, 2001; zusammen mit Karl Gebauer (Hrsg): Kinder brauchen Wurzeln, 2001; Kinder suchen Orientierung, 2002; zusammen mit Helmut Bonney: Neues vom Zappelphilipp, 2002.

**Papoušek, Prof. Dr. Mechthild**
Fachärztin für Psychiatrie und Neurologie, Dozentin für Entwicklungspsychobiologie und Entwicklungspsychopathologie der frühen Kindheit. Leiterin der Beratungsstelle *Frühentwicklung und Kommunikation* am Institut für Soziale Pädiatrie und Jugendmedizin der Universität München mit der »Münchner Sprechstunde für Schreibabys« und einem Fortbildungscurriculum für Säuglings-/Kleinkind-Eltern-Beratung und -Psychotherapie. Publikationen: Vom ersten Schrei zum ersten Wort: Anfänge der Sprachentwicklung in der vorsprachlichen Kommunikation,1994; mit Alexander von Gontard (Hrsg.): Spiel und Kreativität in der frühen Kindheit. Pfeiffer bei Klett-Cotta, 2003

**Patzlaff, Dr. phil. Rainer**
Studium und Promotion im Fachbereich Germanistik an der Freien Universität Berlin. Von 1975 bis 2001 Oberstufenlehrer für Deutsch und Geschichte an der Freien Waldorfschule Uhlandshöhe in Stuttgart, Dozent am dortigen Lehrerseminar, Vorstandsmitglied des Bundeselternrates der Waldorfschulen Deutschlands. Mitbegründer der internationalen »Alliance for Childhood«, vielfältige Tätigkeiten in der Erwachsenenbildung, Medienforscher und Publizist. Seit 2001 Gründer und Leiter des »Instituts für Pädagogik, Sinnes- und Medienökologie« (IPSUM) in Stuttgart. Publikationen (u. a.): Sprachzerfall und Aggression. Geistige Hintergründe der Gewalt und des Nationalismus, 1994; Medienmagie oder Die Herrschaft über die Sinne, 1999; Der gefrorene Blick. Physiologische Wirkungen des Fernsehens und die Entwicklung des Kindes, 2001.

**Stracke, Deta Margarete**
Analytische Kinder- und Jugendlichenpsychotherapeutin und Kunsttherapeutin sowie Dozentin am Institut für Psychoanalytische Kunsttherapie (IPK) Hannover. Publikationen: Heilung und Veränderung im Psychotherapeutischen Prozess: »Überlegungen zur Funktion und Wirkungsweise bildnerischen Gestaltens innerhalb der Kinder- und Jugendlichen-Psychotherapie«, in: Analytische Kinder- und Jugendlichen-Psychotherapie, 1999; Identitäten: »Die heilsame Potenz gestalterischer Prozesse in der Kunsttherapie«, in: Kunst

und Therapie – Zeitschrift für bildnerische Therapien, Claus Richter Verlag, Köln, Heft 2001/2002.

**Vahle, Prof. Dr. Fredrik (Fritz)**
Nach dem Abitur am Schuldorf Bergstraße studierte er Deutsch und Politik. Nach Abschluss des Studiums widmete er sich zunehmend dem Kinderlied, arbeitet aber auch bis heute als Dozent an der Universität Gießen (Promotion in Soziolinguistik, Habilitation über Kindersprache und Kinderlied). Regelmäßige Auftritte in Kindergärten, Kinderläden, Buchhandlungen, Büchereien, auch auf Folkfestivals, Kinderliederfestivals in großen und kleinen Hallen im In- und Ausland. Veröffentlichung von Büchern, MCs und CDs zum neuen Kinderlied. Reisen in die Mittelmeerregion und weitere europäische Länder sowie nach Mexiko, Kuba, Nicaragua, Paraguay. Kinderbücher, auch über Mittelamerika sowie über den spanischen Dichter F. García Lorca. Verschiedene Theater- und Musikprojekte für Kinder und Erwachsene. Zahlreiche Auszeichnungen, Schirmherrschaften, Benefizaktionen, Bundesverdienstkreuz. Publikationen: Zahlreiche Veröffentlichungen, zuletzt: Bewegliche Lieder oder Musik macht Beine. Mit Illustrationen von Anja Vorbeck von Loewis, 2002, weitere Informationen: www.fredrikvahle.de.

*Buchanzeigen*